À ma marraine,
la bonne fée de mon enfance.

Collection Contes et Légendes dirigée par Elisabeth Gilles Sebaoun

Conforme à la loi n° 49956 du 16 juillet 1949 sur les publications destinées à la jeunesse
ISBN 209282488-0

GUDULE

CONTES ET LÉGENDES DES FÉES ET PRINCESSES

Illustrations de Patricia Reznikov

NATHAN

I

Comment la Toinon du ru devint reine

Chaque jour, au crépuscule, la Toinon menait son troupeau au ru du Bois-Houlet. Tandis que ses brebis se désaltéraient, la bergère s'asseyait sur la berge, mêlant ses larmes amères à l'eau fraîche du ruisseau. Car elle souffrait d'une mélancolie que chaque soir ranimait, et que ni le temps ni les saisons n'étaient capables d'apaiser.

Cette fois-là, donc, Toinon pleurait comme de coutume quand une curieuse lueur capta son attention. On eût dit l'éclat d'un diamant brillant parmi les cailloux. Intriguée, la jeune fille s'essuya les yeux et s'approcha, afin d'observer le phénomène de près. Mais en fait de diamant, elle n'aperçut qu'une libellule, morte en apparence, et qu'entraînait le courant. L'étrange clarté qui en émanait était due au soleil couchant se reflétant dans ses ailes mouillées.

Toinon, un peu déçue, allait faire volte-face, quand elle vit bouger l'insecte. Prise de pitié, elle le saisit entre le pouce et l'index pour le poser au sec sur la rive. À sa grande surprise, elle put alors constater qu'il s'agissait, non d'une libellule comme elle l'avait cru, mais d'une femme minuscule pourvue d'une paire d'ailes irisées.

La rescapée reprit bientôt ses esprits. Elle était si jolie, malgré sa petite taille, qu'on ne pouvait la voir sans en être ébloui.

– Qui êtes-vous donc, créature merveilleuse ? lui demanda Toinon d'une voix émue.

Flattée de susciter autant d'admiration, la petite femme sourit.

– Mon nom est Agria et je suis une fée. Je me reposais sur une pierre moussue quand un poisson a jailli de l'onde pour me gober. Je lui ai échappé de justesse, mais le choc m'a fait perdre connaissance. Sans ton intervention, je serais noyée, à l'heure qu'il est. Tu m'as sauvé la vie et je t'en remercie.

Toinon protesta qu'elle n'avait pas grand mérite à cela. Elle eût agi de même pour le premier animal venu, car son cœur était bon et sa nature prompte à s'apitoyer.

– Qu'importe ! dit la fée. Je suis ton obligée et je tiens à te récompenser. Que souhaites-tu le plus au monde ?

À nouveau, les yeux de la bergère s'emplirent de larmes.

– Hélas, soupira-t-elle, mon vœu le plus cher n'est pas réalisable...

– Parle, quel est-il ?

– J'aime le prince Anselme, le fils aîné du

roi. Mais mon amour est sans issue : je ne suis qu'une pauvre bergère. Lorsqu'il me croise dans le bois en allant à la chasse, si beau, si grand sur son cheval caparaçonné d'or et d'argent, il ne daigne même pas m'accorder un regard...

La fée se mit à rire. L'on eût dit une clochette tintant dans l'air léger.

– Tu es avenante et de belle tournure, répondit-elle gaiement. Plus d'une princesse envierait ton visage. Aie confiance : avant la pleine lune, foi d'Agria, celui dont tu rêves sera à toi.

Et sur ces paroles, elle s'envola, laissant Toinon dans un grand trouble.

La bergère dormit peu, cette nuit-là. « Agria tiendra-t-elle sa promesse ? se demandait-elle. Ou m'a-t-elle déjà oubliée ? » Tantôt elle penchait pour une supposition, tantôt pour l'autre. L'aube la trouva fort indécise, également partagée entre le doute et l'espoir.

Tandis qu'en proie à ces sentiments contraires, Toinon cherchait en vain le sommeil, la fée s'était rendue au château où, grâce à sa petitesse, elle avait pu surprendre une fort intéressante conversation.

– Je me fais vieux, disait le roi. Il serait temps que notre fils Anselme se marie, afin qu'il me succède sur le trône et donne des héritiers à la couronne.

– Cela est vrai, répondait la reine, mais où trouverons-nous une princesse digne de lui ? La cour est pleine d'intrigantes qui se font passer pour telles, mais n'ont pas une seule goutte de sang noble dans les veines.

– En es-tu sûre ?

– Sûre et certaine : j'ai pratiqué sur chacune d'elles l'épreuve de la perle.

– Quelle est donc cette épreuve ?

– Une recette infaillible que les reines se transmettent de mère en fille, mais que je te dévoilerai si tu me jures le secret.

– J'en fais serment sur mon honneur.

– Une vraie princesse a la peau si fine qu'une simple perle, placée dans son lit sous vingt épaisseurs de matelas, suffit à la gêner. Or, aucune des jeunes filles qui a couché ici ne s'est plainte...

La fée en avait assez entendu. Nantie de ces précieux renseignements, elle repartit chercher sa protégée.

Lorsque celle-ci ouvrit la fenêtre aux premières lueurs du jour, quelle ne fut pas sa joie de trouver Agria, volant vers elle à tire-d'aile.

– Hâte-toi ! dit la fée. Déchire tes habits et rends-toi au château. Tu t'y présenteras comme la princesse de Smyrne que des voleurs ont attaquée, détroussée et dont ils ont tué l'escorte. Le roi est un brave homme, il t'accueillera. Montre-toi digne du rang que tu prétends occuper, et surtout, retiens bien ceci : demain matin, au réveil, dis à tes hôtes que tu n'as pas fermé l'œil, et qu'un je ne sais quoi, au fond de ton lit, t'a blessé les reins.

Toinon ayant scrupuleusement obéi, les

choses se passèrent tel que prévu. Touchés par sa feinte détresse, les souverains la traitèrent avec tous les honneurs dus à son rang. On lui offrit la plus belle chambre du palais, des servantes la baignèrent dans du lait d'ânesse, la parfumèrent et la vêtirent de somptueuse manière. Lorsqu'elle réapparut, parée de soie et de bijoux, sa beauté était telle que le prince Anselme s'en éprit aussitôt.

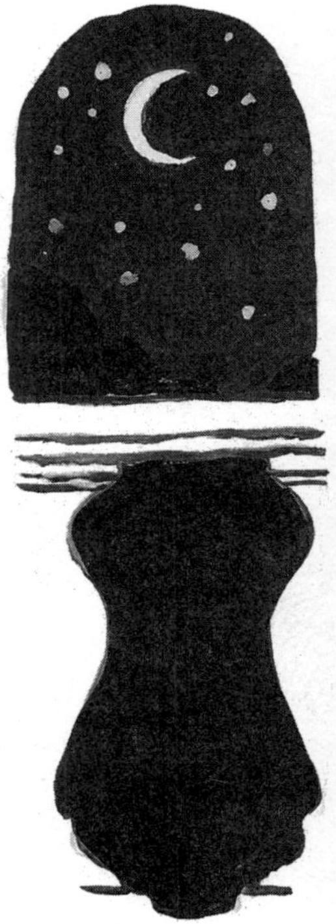

La journée se déroula en fastes et en plaisir. Afin de fêter dignement leur invitée, le roi et la reine offrirent un banquet animé par les chants d'une troupe de baladins. Les réjouissances se prolongeant fort tard, Toinon et Anselme, désireux de solitude, allèrent se promener au clair de lune. Le prince en profita pour déclarer sa flamme, et sa compagne y répondit de même.

Les souverains furent si satisfaits de cet heureux dénouement qu'ils en oublièrent de placer la fameuse perle dans le lit de la jeune fille. Aussi leur étonnement fut-il immense lorsque, le lendemain matin, Toinon déclara d'une voix mourante :

– Ah, quelle nuit affreuse j'ai passée ! Mon corps tout entier est perclus de douleurs. Un je ne sais quoi, dans mon lit, m'a blessé les reins.

Prise d'un soupçon, la reine courut inspecter le lit de son invitée. Les vingt matelas furent examinés pouce par pouce, sans qu'on y découvrît trace d'objet meurtrissant. Redoutant une quelconque imposture, la reine appelait déjà sa garde à la rescousse quand elle aperçut, sur le sommier, un grain de sable. Alors, son ravissement ne connut plus de bornes.

– Nulle princesse au monde n'est plus digne de mon fils ! s'écria-t-elle. Elle est si délicate qu'à travers vingt matelas, un grain de sable l'incommode !

Le mariage fut célébré le lendemain, pour la plus grande joie des deux jeunes gens.

Quelques jours plus tard, ils montaient sur le trône.

Leur règne fut heureux et prospère, car Toinon, qui avait connu la misère, plaidait auprès de son époux la cause des pauvres gens avec plus d'ardeur et de sincérité que ne l'eût fait une vraie princesse. Tant il est vrai que la seule noblesse valable en ce monde est bien celle du cœur.

II

LA JEUNE FILLE AUX CHEVEUX DE NUIT

DANS LA VILLE de Bagdad vivait jadis un couple de marchands sans descendance. L'épouse se désolait car, l'âge venant, elle redoutait de demeurer stérile. Aussi passait-elle ses journées à consulter médecins et rebouteux, absorbant toutes les potions qu'ils jugeaient bon de lui prescrire, au point qu'elle en avait les entrailles chamboulées. Son mari, quant à lui, se rendait chaque matin à la mosquée pour prier Allah de bénir leur union.

Ils firent tant et si bien que, pour leur plus grande joie, le ciel finit par les exaucer.

L'épouse en était à son sixième mois lorsque, regardant par sa fenêtre dans la cour voisine, elle vit des jarres d'olives si noires et si dodues que l'eau lui en vint à la bouche.

– Il me faut goûter ces olives, dit-elle à son mari. Va vite m'en chercher, sinon je mourrai ainsi que mon enfant.

Effrayé, le marchand s'empressa d'obéir. Mais hélas, la voisine ne voulut rien entendre. Il eut beau lui offrir tout l'or qu'il possédait, elle refusa de céder ne fût-ce qu'une olive, si bien que le pauvre homme rentra chez lui bredouille.

Sa femme l'accueillit avec de grands cris :

– En voilà un beau mari et un bon père ! se plaignait-elle. On n'a pas voulu te vendre ce que tu demandais ? Eh bien, vole-le ! La vie de ta famille vaut bien un larcin !

Force fut donc au marchand de retourner chez la voisine. Celle-ci étant absente, il entreprit d'escalader le mur afin de dérober l'aliment convoité. Mais à peine avait-il plongé la main dans l'une des jarres que la maîtresse des lieux réapparut. En l'apercevant, elle entra dans une grande colère :

– Que les noyaux de ces olives te restent en travers de la gorge et t'étouffent, chien de voleur ! hurla-t-elle.

Le marchand se jeta à ses pieds et lui expliqua toute l'affaire.

– Que valait-il mieux, conclut-il, commettre une malhonnêteté ou laisser trépasser ma femme et mon petit ?

En écoutant ce discours, la voisine, qui elle-même n'avait pas eu d'enfants et en souffrait cruellement, vit le profit à tirer de l'affaire.

– Tu as eu raison d'agir de la sorte, convint-elle, faussement radoucie. Mais cependant, ton crime ne peut rester impuni. Aussi, je te propose un marché : prends autant d'olives que tu le souhaites, et en échange, s'il te naît une fille, donne-la-moi. Je l'élèverai comme si elle était mienne, et elle me soignera dans mes vieux jours.

Notre homme accepta, convaincu que sa femme attendait un fils. Il n'en fut rien : trois mois plus tard, elle mettait au monde une ravissante fillette.

Le marchand, n'ayant qu'une parole, l'arracha à sa mère et, bien qu'il en eût le cœur brisé, en fit don à sa voisine. Celle-ci, craignant que, saisi de remords, il ne cherche à la reprendre, résolut de la cacher. Elle l'enferma donc au sommet d'une tour isolée, sans escalier ni porte, mais avec une fenêtre ouverte sur les nuages.

Zeitouna – ainsi se nommait la petite fille – grandit donc à l'abri des regards, et à mi-chemin entre ciel et terre. De sorte qu'elle apprit à rêver avec les étoiles, à chanter avec le vent et à pleurer avec la pluie.

Sa geôlière lui rendait quotidiennement visite.

– Zeitouna ! criait-elle, au pied de la tour.

Zeitouna ! Que tes longs cheveux m'emmènent vers toi !

Docilement, la jeune fille déroulait sa chevelure et la laissait glisser par la fenêtre. On eût dit qu'un pan de nuit coulait le long des murs. La geôlière s'y agrippait pour se hisser jusqu'à sa prisonnière, lui servait son repas, posait une carafe d'eau fraîche sur le sol, puis repartait par le même chemin.

Ce manège dura quinze ans, et durerait sans doute encore si le prince Amir, le fils du sultan, ne fût passé par là.

C'était un soir, à l'heure où le soleil s'éteint. Fatigué par une journée de chasse, le jeune homme rentrait au palais lorsqu'un chant frappa son oreille. Il arrêta son cheval. La voix qui lui parvenait avait des accents à la fois si suaves et si tristes qu'il en fut bouleversé.

« Assurément, cette voix n'a rien d'humain, se disait-il. Est-ce le murmure d'une source, la complainte du vent ou le soupir de quelque fée captive ? »

Si grands étaient son trouble et le charme exercé par la voix mystérieuse, qu'il resta là, dans l'ombre, à l'écouter jusqu'au matin.

L'aube pointait à peine quand des pas se firent entendre. Le prince qui, soupçonnant quelque rôdeur malintentionné, s'était caché, put voir une vieille femme, un panier au bras, s'avancer vers la tour et crier :

– Zeitouna ! Zeitouna ! Que tes longs cheveux m'emmènent vers toi !

Au même instant, un pan de nuit coula le long des murs et la vieille femme s'y suspendit. Le pan de nuit l'emporta vers une fenêtre, là-haut. Un moment passa, puis elle redescendit de la même manière. Dès qu'elle eut mis pied à terre, le pan de nuit se retira.

De son poste d'observation, le prince n'avait rien perdu de ces étranges manœuvres.

« Qu'adviendrait-il si, moi aussi, je prononçais la formule magique ? se demandait-il. La nuit m'emporterait-elle également dans ses filets ? »

Tandis que la vieille disparaissait à l'horizon, l'envie lui vint de tenter l'aventure. Se postant au pied de la tour, il cria donc à pleins poumons :

– Zeitouna ! Zeitouna ! Que tes longs cheveux m'emmènent vers toi !

Surprise mais néanmoins obéissante, Zeitouna dénoua à nouveau sa chevelure. Si bien que, quelques instants plus tard, le prince pénétrait dans sa prison. D'emblée, la beauté de la jeune fille l'éblouit.

Zeitouna, qui n'avait jamais côtoyé que sa geôlière, fut tout d'abord effrayée par le jeune homme. Mais lorsqu'il se jeta à ses genoux pour lui avouer son amour, elle sentit son cœur s'émouvoir. Et quand il lui assura qu'il la voulait pour femme, elle se mit à pleurer tout de bon.

– Comment ferais-je pour sortir d'ici ? disait-elle. La tour n'a ni porte ni escalier, et je n'ai point d'ailes pour voler dans les airs !

Ils convinrent d'un habile stratagème.

Chaque jour, le prince viendrait la retrouver et lui apporterait un fil de soie. De ces fils, Zeitouna tresserait une échelle par laquelle elle pourrait descendre afin que son fiancé la mène au palais du sultan et l'épouse.

Ainsi firent-ils, et en si grand secret que la vieille femme n'en soupçonna rien.

Hélas, Zeitouna, dans sa solitude, n'avait pas appris à mentir. Un jour que sa geôlière lui rendait visite, elle se plaignit étourdiment :

– Pourquoi êtes-vous si lourde ? Vous m'arrachez les cheveux de la tête. Amir est bien plus vif et plus léger que vous !

La vieille femme comprit qu'on l'avait dupée et jura de se venger. Profitant d'un instant d'inattention de sa prisonnière, elle noua ses longues mèches à la poignée de la fenêtre et la poussa dans le vide. Grâce à ce stratagème, Zeitouna eut grand peur mais atteignit le sol sans encombre. Tout étonnée, elle regardait autour d'elle les arbres, les fleurs, la mousse qu'elle ne connaissait pas quand sa geôlière descendit de la tour, accrochée à la chevelure déployée comme une araignée à sa toile.

– Suis-je enfin libre ? lui demanda la jeune fille, n'osant croire à son bonheur.

– Que nenni ! répondit la vieille femme.

Et, en trois coups de ciseaux, elle coupa ses cheveux si courts qu'on lui voyait la peau du crâne. Puis elle l'entraîna vers une forêt profonde où elle la perdit.

On imagine sans peine l'horreur du prince lorsque, s'approchant de la tour, il aperçut le pan de nuit flottant au vent. Le ciel et la terre résonnèrent de ses lamentations. La vieille, qui s'était embusquée pour l'attendre et savourer pleinement sa revanche, lui dit avec un rire affreux :

– Voilà tout ce qui te reste de ta bien-aimée, fils du sultan ! Là où je l'ai conduite, tu ne la retrouveras jamais !

Fou de douleur, Amir prit son épée et l'occit aussitôt. Puis il détacha les cheveux pour s'en faire un manteau de deuil, et chacun, le voyant passer, disait en frissonnant :

– Voyez le prince noir, il porte la nuit sur son dos.

Durant des lunes et des lunes, Amir, inconsolable, courut par monts et par vaux à la recherche de sa fiancée perdue. Jusqu'au jour où, pénétrant dans une forêt, il entendit le hibou hululer en plein jour.

Intrigué, il marcha en direction du bruit et atteignit une clairière où, bien qu'il fût midi, la nuit semblait s'être tapie.

Or, une mélodie d'une tristesse infinie emplissait cette nuit.

– Est-ce toi, Zeitouna ? demanda-t-il d'une voix tremblante.

C'était elle, en effet, dont la chevelure avait repoussé, noyant le paysage dans ses longs fils obscurs. Au milieu de ces ténèbres, elle se dressait, toute blanche.

– Ah, mon ami, dit-elle, interrompant son chant, pourquoi ce manteau de deuil ?

– Mon deuil est terminé puisque je t'ai retrouvée, répondit-il.

Et, rejetant son manteau, il apparut, brillant comme le soleil.

Leurs épousailles furent célébrées en grande pompe et, à dater de ce jour, il fit toujours nuit dans leur chambre nuptiale, car leur lune de miel ne finit jamais.

III

MARIE-PÂLOTTE ET RUBICONDE

UN VEUF avait une fille, aimable de visage et de cœur. On l'appelait Marie-Pâlotte, car elle avait un teint si blanc que les lys le lui enviaient. Ce veuf se remaria, épousant en secondes noces une femme laide et acariâtre, ayant elle-même une fille qui lui ressemblait trait pour trait. Cette vilaine créature se nommait Rubiconde ; elle était rougeaude, couperosée et de tempérament maussade. Jalouse de la beauté de Marie-Pâlotte, elle la prit très vite en aversion. Sa mère en fit autant, de sorte que la pauvrette, dont le père voyageait souvent, se retrouva livrée aux tracasseries des deux mégères.

Tandis que Rubiconde se prélassait, Marie-Pâlotte exécutait les tâches domestiques les plus pénibles. Elle lavait le sol à quatre pattes jusqu'à en avoir les genoux à vif, ravaudait le linge jusqu'à ne plus pouvoir bouger les doigts, lessivait et repassait à s'y briser les reins. Et lorsque, fourbue, elle voyait enfin tomber la nuit, il lui fallait encore aller au puits remplir les seaux pour le lendemain.

Cependant, malgré la dureté de son existence, jamais Marie-Pâlotte ne se plaignait. Elle accomplissait l'ingrate besogne avec le sourire, trouvant encore le temps de coiffer sa marâtre et d'apporter des friandises à sa sœur, qui ne quittait le lit que pour se parer ou aller au bal. Loin d'éprouver une quelconque reconnaissance, les méchantes femmes ne l'en rudoyaient que plus, l'une prétendant qu'elle lui tirait les cheveux, l'autre qu'elle l'empoisonnait avec des fruits gâtés. Bref, tout était prétexte à récriminations, et Marie-Pâlotte, quoi qu'elle fît, se voyait châtiée même pour ses bonnes actions.

Un soir, en se rendant comme de coutume au puits, la jeune fille rencontra une mendiante qui lui dit :

– Ma belle enfant, donne-moi donc à boire.

– Avec plaisir, madame, répondit Marie-Pâlotte, car vous semblez encore plus pauvre et moins vaillante que moi.

Et, quoique son labeur l'eût courbatue de la tête aux pieds, elle puisa de l'eau et souleva le seau jusqu'aux lèvres de la vieille. Or, celle-ci était une fée qui agissait ainsi pour l'éprouver. Ayant eu vent de ses malheurs, elle voulait voir jusqu'où allait sa générosité, et si elle méritait d'être secourue.

– Tu es aussi bonne que belle, lui déclara-t-elle, une fois désaltérée. Aussi, pour te récompenser, vais-je te faire un don. À chaque parole que tu prononceras, une rose ou un diamant te sortira de la bouche.

Marie-Pâlotte remercia vivement et, ce faisant, éjecta trois fleurs et deux pierreries. Puis, la fée ayant disparu, elle reprit toute joyeuse le chemin de la maison.

Sa marâtre l'attendait devant la porte.

– Où étais-tu, durant tout ce temps ? demanda-t-elle avec sévérité. Tu as traîné en route, mauvaise fille ! Pour ta peine, tu iras te coucher sans souper !

Comme Marie-Pâlotte tentait de s'expliquer, une pluie de roses et de pierres précieuses lui échappa, tombant aux pieds de sa tourmenteuse.

– Qu'est-ce cela ? s'étonna cette dernière.

La jeune fille conta son aventure, non sans couvrir le sol de nouvelles merveilles. Ce que voyant, la marâtre s'empressa d'appeler Rubiconde. Celle-ci vint en grognant : elle était occupée à sa toilette et trouvait malséant qu'on l'interrompe.

– Voyez quel don a reçu votre sœur, qui n'en est guère digne, lui dit sa mère. Vous allez l'imiter afin d'avoir le même.

– Quoi, mère, vous voudriez que je me rende au puits comme une servante ? s'indigna Rubiconde.

– Non seulement je le veux, ma fille, mais je l'exige !

Son ton était tel que Rubiconde, n'osant désobéir, s'empara d'une jolie cruche d'argent et partit. Cependant, elle claqua la porte en sortant et, durant tout le trajet, rumina sa contrariété. Car non seulement elle était odieuse et mal bâtie, mais un orgueil imbécile l'aveuglait, lui cachant son propre intérêt.

Parvenue près du puits, elle fut accostée, non par la mendiante comme elle s'y attendait, mais par un jeune enfant tout vêtu de guenilles.

– J'ai soif, gémissait le pauvre petit. Par pitié, donnez-moi à boire !

– Ah ça, pour qui me prends-tu, morveux ?

répondit-elle. J'attends ici une fée qui paie grassement ce genre de service, et, déjà, le lui rendre m'est pénible. Crois-tu que j'aie le temps ou l'envie de me fatiguer sans contrepartie ?

– Comme il vous plaira, dit l'enfant (qui n'était autre que la fée, ayant pris cette forme pour tromper la vilaine fille). Mais à méchanceté, méchanceté et demie : dorénavant, chaque parole que vous prononcerez vous fera cracher grenouilles, vipères et cancrelats.

Nul mot ne peut exprimer la fureur maternelle quand Rubiconde revint, nantie de son hideux don. Marie-Pâlotte en fit, bien entendu, les frais. On la tira du lit, on la roua de coups, l'accusant d'être cause du malheur. Elle eut beau protester de son innocence, rien ne put apaiser la mégère en colère, pas même la montagne de fleurs et de bijoux répandus pour l'occasion. La pauvrette finit par s'enfuir dans la nuit, les habits en lambeaux et le corps affreusement meurtri.

Jusqu'à l'aube, elle erra, et la forêt nocturne retentit de ses sanglots, tandis qu'en son sillage s'épanouissaient les roses et miroitaient les diamants.

Ce fut cette piste scintillante qui, au matin, intrigua le fils du roi en route pour la chasse. Il la suivit, abandonnant biches et sangliers ; elle le mena auprès de Marie-Pâlotte. À force de pleurer, la jeune fille avait fini par s'endormir au pied d'un arbre. Longtemps, le prince resta à la regarder, car ni ses haillons ni ses plaies ne parvenaient à l'enlaidir. Ainsi abandonnée, les cheveux épars sur la mousse et le visage encore tout ruisselant de larmes, elle lui parut la plus désirable personne du monde, et il n'eut plus qu'un seul souhait : l'épouser.

Que dire, alors, de son émerveillement lorsque la jeune fille s'éveilla, et qu'au premier mot, une rose en bouton s'échappa de ses lèvres !

Ils se marièrent huit jours plus tard. Certains affirment que, durant sa nuit de noces,

Marie-Pâlotte fit tant de serments d'amour à son époux qu'on dut ouvrir les fenêtres de la chambre nuptiale. Des myriades de fleurs et de diamants tombèrent entre les mains du peuple amassé au pied du palais, si bien que, dans le royaume, personne ne connut plus jamais la misère.

Quant à Rubiconde et sa mère, leur maison étant devenue un marécage fétide, elles y pataugèrent jusqu'à la fin de leurs jours.

IV

OÙ L'ON APPREND QUE LE MARCHAND DE SABLE AVEUGLAIT LES ENFANTS POUR LES BEAUX YEUX D'UNE PRINCESSE

KARAKÖZ se rendait chaque soir, et ce depuis le commencement du monde, dans toutes les maisons d'Istanbul et d'ailleurs. Dès que s'allumaient les étoiles, on pouvait voir son ombre glisser le long des murs. Une ombre pourvue d'un long nez crochu, d'une jambe plus courte que l'autre, et portant un sac sur le dos.

« Bonsoir, Karaköz ! » disaient les enfants lorsqu'il apparaissait.

Il leur lançait des pincées de sable fin dans les yeux, en chantant :

« Dormez, je le veux, il est temps, grand temps,
Le pays des songes vous attend ! »

Sous l'effet du picotement, les paupières des enfants se fermaient toutes seules. Et chacun franchissait, sans même s'en rendre compte, la frontière qui sépare rêve et réalité.

Or, il advint qu'un jour, en emplissant son sac au bord de la mer Noire, Karaköz rencontra la princesse Aïcha qui dansait pieds nus dans les vagues. Il en tomba aussitôt amoureux.

C'était la plus belle fille qu'on pût imaginer, mais la plus dure aussi. Et si elle possédait teint d'ivoire, œil de biche et cheveu de velours, son cœur était de pierre. Nombre de prétendants avaient tenté en vain d'y faire naître l'amour. Elle les avait tous découragés par ses exigences, au grand désespoir du roi son père qui désirait grandement la voir mariée.

Lorsque le marchand de sable lui demanda sa main, la princesse répondit, selon son habitude :

– Je serai à toi si tu me fais trois cadeaux.

Karaköz embrassa ses pieds nus.

– Parle, ma sultane. Tout ce que tu désires, tu l'auras, j'en jure sur ma vie !

– Je veux un char tiré par dix enfants ailés, pour me promener dans les airs.

Le soir même, Karaköz choisit dix garçons parmi les plus beaux d'Istanbul et, au lieu de leur jeter du sable dans les yeux, il leur jeta des plumes. Puis, des ailes leur ayant poussé, il les emmena à Aïcha.

– Voici ton premier cadeau, lui dit-il. En es-tu satisfaite ?

Aïcha le remercia d'un sourire, puis elle s'en fut atteler ses montures afin qu'elles l'emportent au milieu des nuages, du zénith aux quatre points cardinaux.

Le lendemain, Karaköz demanda à Aïcha :

– Quel est le deuxième cadeau que tu exiges de moi, pour devenir ma femme ?

– Je veux un char tiré par cent enfants portant nageoires, pour me promener sur la mer.

Le soir même, Karaköz choisit cent garçons parmi les plus beaux d'Istanbul et, au lieu de leur jeter du sable dans les yeux, il leur jeta des écailles de poissons. Puis, des nageoires leur ayant poussé, il les amena à Aïcha en disant :

– Voici ton deuxième cadeau, en es-tu satisfaite ?

Aïcha le remercia d'une caresse, puis s'en fut atteler ses montures afin qu'elles l'emportent parmi l'écume des vagues, jusqu'aux confins de l'horizon.

Le jour suivant, Karaköz demanda à Aïcha :

– Quel est le troisième cadeau que tu exiges de moi, pour devenir ma femme ?

– Je veux un char tiré par mille enfants

aveugles, pour me promener à travers la nuit.

Le soir même, Karaköz choisit mille garçons parmi les plus beaux d'Istanbul et, dans le sable qu'il jeta dans leurs yeux, il mêla de la glu. Puis, leurs paupière étant collées, il les amena à Aïcha en disant :

– Voici ton troisième cadeau, en es-tu satisfaite ?

Aïcha le remercia d'un baiser, puis s'en fut atteler ses montures afin qu'elles l'emportent dans les territoires mystérieux de l'ombre.

– Maintenant que je t'ai donné tout ce que tu désirais, quand m'épouseras-tu ? demanda Karaköz.

– Dès mon retour, répondit Aïcha.

Mais elle ne revint pas.

Fou de chagrin, Karaköz l'attendit durant des lunes et des lunes, ce qui eut les funestes conséquences qu'on devine. Privés de marchand de sable, les enfants ne dormaient plus. Ils tombèrent donc malades, et la ville retentit de lamentations.

– Reviens, Karaköz ! criaient les parents. Aie pitié de nos petits, sans toi, ils vont mourir !

Mais le marchand de sable répondait :

– Je n'ai plus, dans la poitrine, qu'un morceau de bois sec. Aïcha, en me quittant, a emporté mon cœur. Retrouvez-la et j'aurai pitié de vous.

– Nous ne savons où la chercher !

– Au fond des ténèbres, là où l'ont emmenée les enfants aveugles.

– Comment se diriger en un semblable lieu ?

– En devenant aveugles, tout comme eux !

Les parents se consultèrent, puis revinrent vers Karaköz :

– Ôte-nous la vue à nous aussi, supplièrent-ils. Ainsi, nous pourrons découvrir où se cache ta bien-aimée, et nous te la ramènerons.

Comme il l'avait fait aux mille montures d'Aïcha, Karaköz leur colla les paupières afin qu'ils partent, les mains en avant, explorer la nuit.

Or, si la belle Aïcha avait disparu, ce n'était point de son propre gré, mais parce que les enfants s'étaient vengés d'elle. Après l'avoir conduite dans une obscurité telle qu'aucun œil humain ne peut la percer, ils l'y avaient abandonnée. Incapable de s'orienter, elle se trouvait là comme en prison, ne pouvant ni marcher, ni boire, ni manger. Elle allait trépasser lorsque les parents la trouvèrent.

– Me voilà bien punie de ma folle conduite, leur dit-elle, tandis qu'ils la ramenaient à son fiancé. Reprenez vos fils, bonnes gens. Lavez-leur les yeux pour qu'ils recouvrent la vue. Désormais, pour traverser les ombres de la nuit, la compagnie de Karaköz me suffira.

Le mariage eut lieu le jour même. Et comme son époux lui passait l'alliance, Aïcha, s'adressant aux parents des dix enfants-oiseaux, leur dit :

– Reprenez vos fils, bonnes gens, ils feront d'excellents voyageurs. Désormais, pour m'emporter au ciel, les bras de mon mari me suffiront.

Puis elle se tourna vers les parents des cent enfants-poissons et leur dit :

– Reprenez vos fils, bonnes gens, ils feront d'excellents marins. Désormais, pour me donner l'envie de chavirer, l'amour de mon mari me suffira.

À partir de ce jour, Karaköz ne faillit plus jamais à sa tâche. On vit à nouveau, dès que s'allumaient les premières étoiles, sa silhouette boiteuse et chargée d'un grand sac glisser le long des murs. Et sa voix résonna comme avant, dans le soir :

« Dormez, je le veux, il est temps, grand temps,
Le pays des songes vous attend. »

La princesse Aïcha lui donna de nombreux fils. La plupart sont pourvus d'ailes ou de nageoires. Quand le temps est beau sur la mer Noire, on les aperçoit, volant dans l'azur en compagnie des mouettes ou parcourant l'onde avec les dauphins. À moins que, les yeux fermés, ils ne traversent la nuit pour s'en aller jouer au royaume des ombres.

V

Celle qui faisait pâlir la Lune et les étoiles

Un roi avait une fille si belle que sa vue faisait pâlir la Lune et les étoiles. Le Soleil lui-même, afin d'être plus près d'elle, s'était changé en une petite balle d'or avec laquelle elle aimait s'amuser. Cette princesse se nommait Diaphane, la pureté de son teint n'ayant pas son pareil dans tout le pays.

Un jour où Diaphane, comme à l'accoutumée, jouait dans les jardins royaux, sa balle vint à tomber au fond d'un étang. Cela eût été

sans conséquence s'il se fût agi d'une balle ordinaire, mais celle-ci étant le Soleil, le monde se retrouva plongé dans les ténèbres.

La princesse en fut fort effrayée.

– J'ai perdu ma balle, se lamentait-elle. Ma balle si brillante et que j'aimais tant ! Qui me la rapportera ?

Soudain, une voix s'éleva dans l'ombre :

– Moi !

– Elle est au fond de l'eau, précisa la princesse.

– Je nage mieux que quiconque, dit la voix.

– La retrouverez-vous dans le noir ? insista la princesse.

– Je retrouverais une pièce d'or au fond d'un gouffre, si vous en émettiez le désir, assura la voix.

La princesse applaudit des deux mains.

– Alors, allez-y vite afin que le jour renaisse !

– J'irai, mais à une condition, reprit la voix.

– Laquelle ?

– Que vous m'aimiez plus que vous-même.

Diaphane avait si grande hâte de retrouver sa balle qu'elle promit tout ce que l'on voulut. Son sauveur la lui ramena donc, et avec elle, la lumière.

Or, ce sauveur était un crapaud, le plus horrible qu'on pût voir. Si horrible qu'en l'apercevant, la princesse prit peur et se sauva. Mais le crapaud la suivit, en réclamant le paiement de sa dette.

Ils parvinrent de la sorte au château. Sans perdre un instant, Diaphane se rendit dans la salle du trône où se trouvait le roi.

– Mon père, délivrez-moi de cette affreuse bête ! implora-t-elle en se jetant à ses pieds.

Surpris, le roi demanda :

– Que vous veut donc ce crapaud, ma fille ? Pourquoi s'attache-t-il à vos pas ?

– Il exige que je l'aime, répondit la princesse. Mais cela est impossible, car il me fait horreur.

– Vous vous y êtes engagée, cependant ! protesta le crapaud.

– Comment cela ? s'enquit le roi.

Le crapaud lui conta l'histoire.

Or, ce roi était un homme juste qui pesait toujours le pour et le contre avant d'émettre un quelconque jugement.

– J'eusse souhaité un gendre d'une autre sorte, je l'avoue, déclara-t-il après mûre réflexion. D'autant qu'au vu de vos traits et de votre tournure, je tremble pour ma descendance. Mes petits-enfants auront sans doute l'œil globuleux, le pied palmé, et leur peau sera couverte de fort vilains bubons, ce qui me peine grandement. Mais une promesse, même faite à la légère, se doit d'être respectée. Trahir la parole donnée est un crime pire que la laideur. Je vous accorde donc la main de ma fille, quoi qu'il m'en coûte. Vos noces seront célébrées dès le prochain printemps.

En entendant cette sentence, Diaphane s'évanouit.

– Hélas, dit tristement le crapaud, que me sert d'avoir une épouse si elle me refuse son amour ?

– L'automne débute à peine, lui répondit le roi. Deux saisons, c'est plus qu'il n'en faut pour conquérir un cœur de femme !

À son réveil, la princesse, qu'on avait transportée dans son lit, crut avoir été le jouet d'un cauchemar. Elle se frottait les yeux en bénissant le ciel que son aventure ne fût qu'un rêve, lorsqu'on frappa à sa porte.

– Qui est là ? demanda-t-elle.

– Votre fiancé, venu vous rendre hommage.

Reconnaissant la voix du crapaud, Diaphane éclata en sanglots.

– Passez votre chemin, repoussante bête ! Jamais je ne vous ouvrirai ma porte. Je préférerais rester enfermée durant cent ans dans cette chambre plutôt que de la partager avec vous.

– N'ayez crainte, répondit tristement le crapaud. Je ne franchirai ce seuil qu'avec votre accord, car je vous aime et vous respecte.

Un peu rasséréné, la princesse se leva et fit sa toilette. Elle mit sa plus jolie robe, ses chaussons de cristal, sa ceinture de diamants et son collier de perles, posa sur sa tête sa petite couronne, puis s'en fut dans la salle à manger où un festin était servi. Mais quand le crapaud voulut prendre place à table, à ses côtés, elle le chassa en criant :

– Allez-vous-en, repoussante bête ! Je préférerais jeûner durant cent ans plutôt que de partager mon repas avec vous.

– N'ayez crainte, répondit tristement le crapaud. Je ne goûterai ces mets qu'avec votre accord, car je vous aime et vous respecte.

Un peu rassérénée, la princesse fit honneur aux plats qui défilaient devant elle et dont chacun surpassait le précédent en saveur. Le crapaud, pour sa part, se contenta des restes.

Après avoir soupé, la princesse s'en fut en promenade. Et comme le crapaud voulait l'accompagner, elle lui donna des coups de pied en criant :

– Éloignez-vous de moi, repoussante bête ! Je préférerais rester immobile durant cent ans plutôt que de cheminer en votre compagnie.

– N'ayez crainte, répondit tristement le crapaud. Je ne vous escorterai qu'avec votre accord, car je vous aime et vous respecte.

Un peu rassérénée, la princesse s'éloigna parmi les massifs odoriférants.

Or, la Lune lui préparait un tour à sa façon. Bien que – nous l'avons vu plus haut – la beauté de la princesse l'eût rendue toute pâle, elle conservait assez d'éclat pour se refléter dans l'étang, non à la manière d'un astre mais plutôt de quelque fleur blafarde flottant au gré des vagues. Diaphane, la prenant pour un nénuphar, se pencha pour la cueillir et bascula dans l'onde. Comme elle tentait de regagner la rive, des algues s'enroulèrent autour de ses chevilles pour l'attirer au fond.

Par bonheur, le crapaud, appréhendant pour elle les sortilèges nocturnes, l'avait suivie de loin. Il entendit ses cris et courut à son secours. Lorsqu'il parvint près de l'étang, seul le visage de Diaphane en émergeait encore, de sorte que deux lunes jumelles semblaient s'y réfléchir. Mais si l'une d'entre elles arborait un sourire de triomphe, l'autre, en revanche, avait une expression pleine d'effroi, et sa longue chevelure flottait tout autour d'elle. Reconnaissant sa bien-aimée dans cette face blême, le crapaud plongea sans hésiter.

Il eut fort à faire pour la délivrer car il dut arracher les algues une à une. Mais grâce à ses efforts, la belle eut la vie sauve.

Hélas, le courageux crapaud n'était pas encore au bout de ses peines. Voyant sa proie lui échapper, la Lune, maîtresse de l'élément liquide, fit appel au serpent des profondeurs. Ce dernier jaillit des flots et bondit sur Diaphane pour l'étouffer dans ses puissants anneaux.

Le crapaud, heureusement, veillait.

– Si tu tiens à la vie, éloigne-toi de ma fiancée, lui cria-t-il.

Comme le serpent ne voulait rien entendre,

les deux bêtes aquatiques s'affrontèrent. Ce fut une lutte sanglante et sans merci. Le crapaud en sortit vainqueur, mais tant de plaies meurtrissaient son corps qu'il semblait près de trépasser. Prise de remords, Diaphane s'agenouilla à ses côtés et l'inonda de larmes.

– Me voici bien punie de mon ingratitude, gémissait-elle. Ce combat m'a ouvert les yeux. Mon cœur a battu devant ta vaillance, ô mon fiancé, et j'ai frémi pour toi. Dois-je te perdre à l'instant même où, oubliant ta disgrâce, je suis charmée par ta bravoure ?

Si grande était sa peine que, surmontant son aversion, elle se pencha vers le blessé pour embrasser sa peau squameuse. C'est alors qu'un prodige inouï s'accomplit : le crapaud se changea en un homme avenant, vêtu de pourpre et d'or et portant barbe blonde.

– Merci, ma bien-aimée ! s'exclama-t-il en lui tendant les bras. Ton baiser a vaincu le sort qui m'accablait. Je fus, il y a longtemps, un prince fort vaniteux. Pour me punir, une fée me métamorphosa en l'être hideux que tu connais. « Te voilà, me dit-elle, pourvu d'un visage à l'image de ton âme. Le charme ne prendra fin que le jour où, t'étant corrigé, tu séduiras une femme par tes qualités de cœur et seras aimé d'elle malgré ton apparence. » C'est à présent chose faite, et mon amour pour toi n'en est que plus grand, car il se double de reconnaissance.

À ces mots, la joie de Diaphane fut telle qu'elle voulut se marier sur l'heure. Son père ne s'y opposa pas, trop heureux de pouvoir espérer, pour descendance, non des crapauds ou des grenouilles comme il le redoutait, mais des enfantelets à faire pâlir la Lune et les étoiles.

VI

Histoire d'Anton qui perdit puis retrouva la mémoire

Le jour de ses dix-huit ans, Anton, le fils du forgeron des monts Bohême, décida de partir en quête d'une fiancée. Le temps était beau, l'air vif, les oiseaux chantaient dans les branches, et le jeune homme se sentait le cœur à l'amour.

Lorsque son père apprit sa décision, il tenta en vain de l'en dissuader, car il était veuf et redoutait la solitude.

– Qui me secondera dans ma tâche, après ton départ ? se lamentait-il.

Mais il eut beau tempêter tant et plus, Anton n'en fit qu'à sa tête : il prit son baluchon, un quignon de pain, une tranche de lard gras et un flacon de vin pour la route, puis partit sans se retourner.

Après trois jours et trois nuits de marche, ses pas le conduisirent au bord d'un fleuve dont les flots mugissaient tel un buffle en colère. Ce fleuve s'appelait Flot d'Oubli, et ni pont ni passeur ne permettaient de le franchir. Cela ne faisait pas l'affaire de notre homme, dont le voyage se trouvait ainsi brutalement interrompu.

Il s'assit sur la berge afin de déjeuner, et terminait sa dernière goutte de vin lorsqu'il remarqua, tapissant le sol autour de lui, de minuscules fleurs bleues du plus charmant effet.

« Ces fleurs sont bien jolies, se dit-il. Jamais je n'en ai vue de semblables. Je vais les cueillir pour ma fiancée. » Ce qu'il fit promptement, car si grande était sa confiance en sa bonne étoile qu'il ne doutait pas de trouver une promise avant que le bouquet n'eût le temps de faner.

Mais à peine avait-il coupé la première tige qu'une brise parfumée l'enveloppa, tandis qu'une voix suppliait derrière lui :

– Par pitié, étranger, laisse mes sœurs ! Ne leur ôte pas la vie ou tu m'ôterais la mienne !

Fort étonné, Anton se retourna.

Celle qui parlait était la plus ravissante jeune fille qu'on pût rêver. La plus étrange, aussi. Sa peau translucide avait des reflets d'azur. Les voiles qui l'enveloppaient paraissaient tissés dans un morceau de ciel. Sa chevelure, bleue comme toute sa personne, était plus légère qu'une nuée. L'éclat de ses yeux évoquait celui du lapis-lazuli qui est, comme chacun sait, un diamant céleste aux couleurs d'infini.

– Qui êtes-vous ? bredouilla Anton, subjugué par tant de beauté.

L'inconnue le fixait avec une gravité empreinte de tristesse.

– Je ne sais pas, dit-elle.

– Vous avez bien un nom ? insista le jeune homme.

– Sans doute, mais j'ignore lequel.

– D'où venez-vous ? Êtes-vous une fée ?

– Je ne me souviens ni de mes origines ni de ma demeure.

Et d'expliquer à Anton qu'après s'être baignée dans le Flot d'Oubli, elle avait perdu la mémoire.

– Il ne me reste que cette seule certitude, acheva-t-elle : mon existence est liée aux fleurs que voici. Je suis leur sœur aînée, leur gardienne, et si elles venaient à mourir, j'y perdrais également la vie.

Ému par ce récit, Anton, ne doutant pas d'avoir trouvé celle qu'il cherchait, compatit à ses maux. Le voyant si peiné, la fée – car c'en était une, bien qu'elle l'ignorât – voulut le réconforter.

– Ne me plaignez pas, s'écria-t-elle. Mon sort est doux comparé à celui de mes sœurs. Si ma mémoire est aussi vide qu'un œuf gobé, je bénéficie au moins de la parole. Elles, en revanche, se souviennent de tout mais ne peuvent l'exprimer. N'y a-t-il pire épreuve que le silence, lorsque l'on a des choses à dire ?

Tant de sagesse dans une bouche aussi belle transporta Anton, au point qu'il déclara son amour à la fée dans les termes les plus vifs. Celle-ci étant tombée sous le charme du jeune homme, y répondit avec ardeur. Et les rives du fleuve résonnèrent bientôt de leurs roucoulades.

– Il faut nous marier sans tarder, ma mie, déclara Anton, éperdu de passion. Je n'aurai de repos que vous ne soyez ma femme !

En entendant cela, la fée pâlit.

– Hélas, mon ami, cela est impossible. Quel nom inscririez-vous sur l'acte de mariage, puisque je n'en ai point ?

Ces mots affligèrent fortement Anton, car différer ses noces lui était un supplice.

– Ne t'appelles-tu pas comme tes sœurs ? demanda-t-il.

– Si fait, mais leur nom m'est également inconnu. Ah ! si seulement elles pouvaient parler...

– Ah ! si seulement les fleurs pouvaient parler ! répéta Anton en écho.

Et les rives du fleuve résonnèrent de leurs pleurs.

Un bûcheron qui passait par là les prit en pitié et leur dit :

– Sur l'autre berge du Flot d'Oubli, à mille lieues vers le sud, se trouve le château de la reine des fées. On prétend que sa science est immense. Peut-être sait-elle comment délier la langue des fleurs ?

Reprenant espoir, Anton décida de s'y rendre sur-le-champ.

– Prends bien garde de ne pas tomber dans le fleuve, lui recommanda sa fiancée. Car si tu y trempais ne fût-ce qu'un orteil, tous tes souvenirs s'effaceraient et tu m'oublierais à jamais.

Le jeune homme promit. Alors, la fée retira ses voiles couleur d'azur et en fit une passerelle pour atteindre l'autre rive, de sorte qu'en l'empruntant, Anton crut marcher sur un ruban de ciel.

– Reviens vite, car je me languis déjà de toi ! lui cria-t-elle, comme il atteignait la terre ferme.

– Attends-moi et aie confiance, répondit-il en s'éloignant.

Ainsi Anton, le fils du forgeron, reprit-il son voyage, non plus cette fois pour trouver l'amour, mais afin de pouvoir le garder.

Il traversa villes et villages, franchit cols et vallées, longea rivières et océans avant d'apercevoir, au loin, le château de la reine des fées. Lorsqu'il y parvint, de longues semaines avaient passé et l'été finissait. Dans les champs, les laboureurs coupaient le blé et,

sur le flanc des coteaux, les vendangeurs récoltaient le raisin.

Voyant une bannière noire flotter au sommet de la tour, Anton leur demanda :

– La reine des fées est-elle en deuil ?

– En quelque sorte, répondirent les vendangeurs.

– Elle vient d'avoir un enfant, ajoutèrent les laboureurs.

– Une petite fille plus belle que l'aurore, reprirent les vendangeurs.

– Est-ce là ce qui vous désole ? s'étonna Anton.

– Certes non, mais durant le baptême, un grand magicien a offert une fleur à l'enfant, expliquèrent les laboureurs.

– Une marguerite à dix pétales, précisèrent les vendangeurs.

– Or, une prédiction annonce que la petite fille ne vivra qu'un nombre d'années égal à celui des pétales de cette fleur, conclurent les laboureurs.

– Je comprends, dit Anton.

Tout songeur, il reprit sa route et parvint au château où, s'adressant aux gardes, il demanda à voir la maîtresse des lieux. On lui répondit que la reine, toute à son chagrin, refusait de parler à quiconque. Cependant, le jeune homme s'obstina tant qu'elle finit, de guerre lasse, par accepter de le recevoir.

C'était une femme aux traits admirables, mais que les larmes avaient ravagés, creusant dans ses joues des sillons semblables aux rides des vieillards. Après les politesses d'usage, Anton lui présenta sa requête.

– Il est en mon pouvoir de faire parler les fleurs, en effet, répondit-elle. Malheureusement, ce procédé est secret et je n'ai pas le droit de le divulguer.

– Même si je le paie très cher ? insista le jeune homme.

– Aucun souverain, aussi riche soit-il, ne possède assez d'or pour un achat de cette sorte, assura la reine des fées.

– Ce n'est pas de l'or que je vous offre mais un trésor infiniment plus grand, dit le fils du forgeron.

Et comme la reine des fées laissait paraître son étonnement, il ajouta :

– Je puis faire en sorte que votre fille vive cent ans.

– En ce cas, dit la reine des fées, je n'aurais rien à te refuser.

Et elle emmena Anton auprès du berceau où dormait une fillette plus radieuse que l'aurore.

Au chevet de l'enfant, dans un vase de cristal, se trouvait la marguerite fatale. Anton la prit et, sortant de sa poche le couteau qui lui servait à couper le lard, fendit chaque pétale en dix, dans le sens de la longueur. La fleur se retrouva ainsi pourvue de cent pétales d'une finesse sans pareille.

Émerveillée, la reine des fées donna à cette fleur le nom de sa fille, Chrysanthème – qui signifie *pluie d'or* dans la langue des Anciens –,

et voulut qu'on en fît la culture dans ses serres. Puis, en remerciement, elle tendit à Anton un petit coffret d'argent contenant une poudre magique.

– Il te suffira d'en saupoudrer les fleurs de ton choix pour qu'elles soient aussitôt douées de la parole, déclara-t-elle.

Il ne restait plus à Anton qu'à prendre congé et s'en retourner vers le Flot d'Oubli où l'attendait sa fiancée. Ce qu'il fit sans tarder. Mais quelque hâte qu'il mit à effectuer ce trajet, brûlant les étapes et marchant sans trêve, il n'atteignit le fleuve que l'hiver venu. Quelle ne fut pas sa tristesse, alors, de constater que toutes les fleurs avaient disparu, ainsi que leur gardienne. En lieu et place du joli parterre bleu, un linceul de neige couvrait le sol.

Anton se souvint alors des paroles de la fée : « Si mes sœurs viennent à mourir, j'y perdrai également la vie. »

– Jamais je n'aurais dû m'éloigner de ma

bien-aimée, se reprocha-t-il. Si j'avais été là, j'aurais su la préserver de la bise et du gel. Je l'aurais réchauffée entre mes bras ou j'aurais péri avec elle. Hélas, hélas, pauvre de moi, que me sert à présent de vivre, privé de mon amour ?

Sa détresse était si grande que, sans plus attendre, il plongea dans le Flot d'Oubli afin d'y trouver le repos de l'esprit.

Après l'avoir longuement ballotté dans ses vagues, le fleuve le rejeta sur la berge, inanimé. Lorsqu'il reprit connaissance, il avait tout oublié de sa peine et ne savait même plus qui il était. N'ayant nulle part où aller, il construisit une cabane à l'emplacement où il se trouvait, afin d'y passer l'hiver à l'abri.

Quand revint le printemps, la nature reprit vie et, avec elle, les petites fleurs bleues tapissant les rives du fleuve. Si bien qu'un beau matin, en sortant de chez lui, Anton eut la surprise de voir une belle jeune fille, toute d'azur vêtue, venir à sa rencontre en lui tendant les bras.

– Ô mon ami, disait-elle, tu es enfin revenu ! Je t'ai tant attendu au creux de la terre glacée, que je désespérais de jamais te retrouver !

Mais le jeune homme ne la reconnut pas.

– Tu m'as donc oubliée ? s'écria la fée. Avoir perdu mon nom ne me suffisait pas, malheureuse que je suis, il fallait aussi que je perde mon amour ?

Fort surpris de ces reproches, Anton ne savait que répondre quand, mettant par hasard la main dans sa poche, il en sortit le coffret de la reine des fées.

– Qu'est-ce que cela ? s'étonna-t-il.

Comme il l'ouvrait, le zéphyr souffla, éparpillant la poudre magique aux alentours. Aussitôt, les fleurs se mirent à parler.

Elles apprirent à Anton qu'elles s'appelaient myosotis, puis lui racontèrent l'histoire de leur sœur aînée, ayant égaré son nom dans le Flot d'Oubli, et du joli jeune homme qui s'en était allé par-delà les montagnes pour le lui retrouver. Tout heureuses de sortir enfin de leur long silence, elles bavardaient, bavardaient, bavardaient, et au gré de leurs paroles, la mémoire d'Anton s'emplissait.

Lorsqu'elles se turent, il était à nouveau redevenu lui-même.

Ayant reconnu sa fiancée, il la serra longuement dans ses bras, et désormais, plus rien ne s'opposa à leur bonheur.

Après leur mariage, ils s'établirent dans la petite maison au bord du Flot d'Oubli afin que la fée Myosotis restât près de ses sœurs. Dès lors, chaque automne, elle disparaissait, en recommandant à son époux : « Ne m'oublie pas ! » Mais ce n'était que pour renaître plus belle au printemps suivant.

VII

La Princesse captive

Le roi Débonnaire et la reine Douceline étaient les souverains les plus heureux du monde. Ils s'aimaient tendrement, régnaient sur un État prospère et voyaient en tout point la vie leur sourire. À l'exception d'une seule chose : ils n'avaient pas d'enfants, quelques efforts qu'ils fissent pour en engendrer un.

L'on conseilla à Douceline de boire *l'eau des fées*, fort efficace dans ce genre d'affaire. Or, non loin du palais coulait une source enchantée. La reine s'y rendit donc, mais à

peine y avait-elle trempé ses lèvres qu'un petit poisson aux écailles d'argent surgit de sous une roche. Par jeu, Douceline le prit entre ses mains où il se mit à frétiller, tout en disant :

– Rendez-moi aux flots, par pitié, madame, ou j'en mourrai !

La reine, qui était bonne, obéit sans attendre. Dès que le poisson toucha l'eau, il devint une femme d'une très grande beauté.

– Je suis la fée de la source, déclara cette personne, et je connais votre souci. Prenez le sentier qui traverse la forêt, il mène au palais de verre où vivent mes trois sœurs. Elles vous accueilleront, et si elles le jugent bon, vous enfanterez sous peu.

Ce sentier était envahi de ronces et d'épines, mais sitôt que la reine y eut mis le pied, il se couvrit de fleurs. Un concert d'oiseaux s'éleva dans la ramure, des papillons aux brillantes couleurs voletèrent autour de Douceline comme pour l'escorter, si bien que sa promenade fut un ravissement.

Le palais de verre scintillait au milieu d'un jardin garni de massifs et de fontaines. Trois dames fort avenantes y séjournaient. L'aînée se nommait Bienveillante, et la bonté illuminait ses traits. La seconde, Radieuse, avait le plus charmant visage qu'on pût imaginer. Quant à la troisième, Réfléchie, elle respirait l'intelligence et le bon sens. Elles invitèrent leur visiteuse à se reposer sous une tonnelle, où elles lui servirent mille friandises.

L'après-midi passa comme en rêve. Lorsque vint l'heure des adieux, la reine embrassa ses hôtesses. Ces dernières lui promirent qu'elle serait bientôt mère, et chacune d'elles lui remit un présent. Bienveillante lui offrit un bracelet d'améthyste, Radieuse, un collier de rubis, et Réfléchie, une bague d'émeraude.

– Ces joyaux sont magiques, précisèrent-elles. Si vous avez besoin de nous, soufflez dessus et nous accourrons aussitôt.

La reine remercia et, neuf mois plus tard, mit au monde une petite princesse qui fut appelée Désirée, en raison du grand désir que ses parents avaient eu d'elle.

Vint le jour du baptême. Souhaitant convier les fées à la cérémonie, Douceline souffla sur ses joyaux. Aussitôt, Bienveillante, Radieuse et Réfléchie parurent. Et, comme c'était l'usage à cette époque, elles se penchèrent l'une après l'autre sur le berceau afin de doter l'enfant. Bienveillante lui offrit toutes les qualités de cœur qui seyent à une princesse, Radieuse façonna son visage et son corps à ravir, Réfléchie lui donna plus d'esprit que quiconque. Ensuite, elles se joignirent aux convives qui étaient nombreux et d'aimable compagnie.

La fête battait son plein quand des coups retentirent à la porte. Un laquais s'empressa d'ouvrir. La fée de la source entra et jeta à la reine un regard courroucé :

– Ainsi, ingrate, vous n'avez pas jugé bon de m'inviter ? Mes sœurs sont là, ainsi que de nombreux princes, barons et baronnets. Moi seule ai été négligée, alors que sans mon intervention, vous seriez demeurée stérile. Un tel affront ne peut rester impuni !

Douceline, repentante, courut se jeter à ses pieds. Mais la fée l'écarta pour s'approcher du berceau de Désirée. Bienveillante, Radieuse et Réfléchie, redoutant le pire, s'interposèrent.

– Calmez-vous, chère sœur, disaient-elles. Ne vous vengez pas d'une enfant innocente. Un simple oubli ne justifie pas pareille dureté !

Mais les fées sont têtues, et celle-là plus que toute autre. Nulle supplication ne put la détourner de son funeste projet.

– J'aurais volontiers pourvu cette enfant d'une affreuse figure, d'une sottise sans nom et d'un caractère exécrable, déclara-t-elle, mais il n'est pas en mon pouvoir de reprendre les dons de mes sœurs. Je me contenterai donc de lui jeter un sort. À partir d'aujourd'hui et jusqu'à ses quinze ans, elle ne devra pas voir le jour, sous peine d'un destin effroyable.

Ayant tenu ces terribles propos, la fée disparut, laissant toute la cour en plein désarroi.

Aussitôt, Débonnaire ordonna qu'on creusât des appartements souterrains afin d'y installer sa fille. Plus de dix mille ouvriers se mirent au travail, si bien que l'ouvrage fut promptement fait. Ces appartements étaient d'un luxe inouï. Des centaines de bougies les éclairaient en permanence, et l'on y trouvait tout ce qui convient à une princesse : de vastes salles garnies de meubles et de tapis précieux, des jardins peuplés d'oiseaux – où, à défaut de végétation réelle, s'épanouissaient des fleurs de perles et des arbustes de pierreries –, des galeries, des patios, des fontaines... Bref, ce palais englouti avait tant de charme qu'on y oubliait l'absence du soleil.

Désirée grandit donc dans un bonheur parfait, élevée par sa nourrice et ayant comme compagnes les deux filles de celle-ci : Pécore, l'aînée, et la cadette, Mignonnette. Ses parents venaient la visiter chaque jour, et dès qu'elle fut en âge d'apprendre, on lui donna les meilleurs précepteurs du pays. Aussi devint-elle une jeune fille accomplie.

Quatorze années passèrent. La princesse étant au sommet de sa beauté, le roi lui envoya des peintres, afin qu'ils fissent son portrait et que le pays entier pût l'admirer. L'une de ces œuvres parvint au prince Galant-homme, fils du roi d'un État voisin, qui en tomba follement amoureux.

Comme il se languissait, son père manda un nommé Beccafigue, ambassadeur de son état, afin qu'il négociât le mariage. Dans ses bagages, outre de nombreux cadeaux d'une valeur inestimable, Beccafigue emportait une miniature de Galant-homme, destinée à celle qui avait ravi son cœur.

Débonnaire et Douceline le reçurent dignement, ainsi que son escorte qui était fort nombreuse. Mais quand il demanda à emmener Désirée, on le lui refusa. Ignorant la malédiction qui frappait la princesse, Beccafigue prit mal la chose. Pour le radoucir, le roi et la reine s'engagèrent à transmettre la miniature à leur fille, et l'ambassadeur dut se contenter de cette promesse.

À peine Désirée eut-elle entr'aperçu le visage de Galant-homme qu'elle s'éprit de lui, allant jusqu'à en perdre le boire et le manger. Dans le même temps, Galant-homme, n'ayant pas obtenu ce qu'il voulait, tomba malade au point qu'on craignit pour sa vie. Beccafigue fut chargé d'une nouvelle mission : apporter un ultimatum à Débonnaire. Ou il donnait la princesse, ou on lui déclarait la guerre.

Les ministres, consultés, furent unanimes : il fallait donner la princesse, d'autant qu'elle-même était consentante et que trois mois seulement la séparaient de ses quinze ans. On mit Beccafigue au courant de la malédiction, et il s'engagea sur l'honneur à ce que Désirée ne fût pas exposée à la lumière du jour avant la date prévue. C'est ainsi qu'un beau matin, la jeune fille quitta avec joie son palais souterrain pour la voiture sans vitres ni fenêtres qui devait l'amener vers son fiancé.

Douceline, fort inquiète, fit mille recommandations à la nourrice et à ses deux filles, qui composaient la suite de la princesse.

– J'ai m'en remets à vous, leur disait-elle, car je connais votre attachement à Désirée, et si quelque danger la menaçait, je sais que vous donneriez votre vie pour la sauver.

La pauvre mère se trompait gravement. De ces trois personnes, une seule était digne de confiance : la gentille Mignonnette, dévouée corps et âme à sa maîtresse. Pécore, pour sa part, la détestait. Car elle s'était entichée de Galant-homme et enrageait qu'il en aimât une autre. Quant à la nourrice, elle servait avec zèle les intérêts de sa fille aînée qui, n'ayant pas été gâtée par la nature, était sa préférée.

Le jour du départ, Désirée prit donc place avec ses suivantes dans cette sorte de boîte qui lui servait de voiture. L'intérieur en était tapissé de brocarts et de coussins, afin d'épar-

gner aux voyageuses les fatigues de la route. Débonnaire et Douceline versèrent des torrents de larmes en voyant s'éloigner l'escorte, car ils ne pouvaient se défendre d'un triste pressentiment. Désirée, en revanche, riait et chantait, toute à son bonheur.

Hélas, ce bonheur fut de courte durée. Profitant d'un moment d'inattention de sa maîtresse, la nourrice ouvrit la porte du carrosse. Sous l'effet de la lumière, la princesse se changea aussitôt en biche blanche et, bondissant du véhicule, s'enfuit au grand galop.

Mignonnette, horrifiée, s'élança à sa poursuite. Mais elle fut rapidement distanciée et n'eut d'autre recours que de s'asseoir sur l'herbe en pleurant tout son soûl.

Restées seules, la nourrice et sa fille aînée s'empressèrent de réaliser le plan qu'elles mijotaient depuis le départ. Pécore revêtit les habits de Désirée et se para de ses bijoux, de sorte qu'arrivée à destination, on la prit pour sa maîtresse. Beccafigue et son escorte, ne connaissant pas la princesse, n'y virent que du feu. Ils s'étonnèrent seulement que leur prince épousât un pareil laideron, mais mirent cette aberration sur le compte d'un caprice de puissant – ou d'une mauvaise vue.

Galant-homme, quant à lui, attendait sa fiancée depuis l'aube. Dans la crypte somptueusement aménagée pour elle, il faisait les cent pas tant sa hâte était grande. L'arrivée du carrosse le combla d'aise, mais il déchanta en apercevant Pécore, car elle ne ressemblait en rien au modèle du tableau. Le nez mutin était camus, l'adorable bouche, lippue, la joue délicate, joufflue et rougeaude. Au lieu du regard ensorcelant peint par l'artiste, l'œil, de forme porcine, présentait un hideux strabisme. Une étoupe grasse et jaunâtre remplaçait la chevelure enchanteresse. Quant au corps si joliment tourné, il n'était qu'une masse informe que corsets et jupons ne parvenaient pas à dissimuler.

La déception du prince n'échappa pas à

la traîtresse qui, étant aussi arrogante et fourbe que mal faite, minauda bien vite :

– Vous ne venez pas m'embrasser, cher fiancé ?

– Ah ça, madame, s'écria Galant-homme, revenu de sa stupeur, quel tour me joue-t-on là ? Vous n'êtes pas la princesse Désirée !

– Si fait, répondit-elle, et voici ma suivante, avec tous mes bijoux et une lettre de mon père, ainsi que les présents qu'il envoie au vôtre.

Ce disant, elle désignait la nourrice qui, tenant fort bien son rôle, criait sur tous les tons qu'on manquait de respect à sa maîtresse et que l'affront était intolérable.

– La pauvre enfant est épuisée par le voyage et cela marque son visage, expliquait-elle. Quelques heures de repos lui rendront sa fraîcheur.

– C'est pour vous plaire, prince, que j'ai couru les routes, insistait Pécore avec perfidie. A-t-on jamais vu pareille infamie ? Reprocher à sa promise la lassitude dont on est cause. Fi, monsieur, vous me décevez !

– Il y a subterfuge ! répliquait Galant-homme. J'ai été dupé par un portrait mensonger !

– Les peintres embellissent toujours leurs modèles, glapissait Pécore en réponse. C'est une pratique courante, et nul ne songe à s'en formaliser !

Dans le cœur de Galant-homme, l'abattement le disputait à la colère. Il refusa d'en entendre plus et tourna les talons, pour fuir cette promise qui lui faisait horreur.

Pendant ce temps, Désirée, affolée par sa métamorphose, parcourait les bois en tous sens. Elle qui avait si longtemps été coupée du monde se trouvait cruellement livrée à elle-même. Abandonnée en pleine nature, à la merci des loups, ours et autres prédateurs, elle tremblait pour sa vie, pleurant comme savent le faire les biches, c'est-à-dire abondamment.

Le soir qui tombait mit un comble à son désarroi. Épouvantée par les rumeurs de la forêt nocturne, elle se coucha sur la mousse.

« Plutôt mourir que de poursuivre une vie de cette sorte », pensait-elle avec amertume.

Elle ruminait ces sombres pensées quand, soudain, un bruit léger frappa son oreille. Une sorte de sanglot qui semblait faire écho aux siens. Ce bruit n'était pas proche, mais les biches ont l'ouïe fine. Obéissant à un instinct qu'elle possédait à son insu, Désirée se releva et partit dans sa direction, attirée comme un aimant.

Or, ces pleurs étaient ceux de la pauvre Mignonnette, elle aussi perdue dans le noir. Comment décrire leurs retrouvailles ? Jusque tard dans la nuit, elles mêlèrent leurs larmes et leurs baisers, puis finirent par s'endormir, blotties l'une contre l'autre.

L'aube les éveilla, frissonnantes et glacées, mais bien décidées à conjurer le sort qui s'acharnait contre elles.

– Avant toute chose, il nous faut trouver un refuge, déclara Mignonnette.

Désirée acquiesça de la tête, puisqu'elle ne

pouvait plus parler. Et toutes deux partirent dans le soleil levant dont les rayons, traversant le feuillage, faisaient scintiller les gouttes de rosée.

Or, la fée Bienfaisante guidait leurs pas. Peinée par les déboires des deux infortunées, elle s'était résolue à leur venir en aide et les mena tout droit vers une maisonnette, au creux d'une clairière verdoyante. Sur le pas de la porte se tenait une bonne vieille, à qui Mignonnette demanda asile pour elle et sa biche.

La vieille les conduisit dans une chambre modeste qui leur parut la plus belle pièce du monde. Puis elle leur servit un frugal repas, composé de baies, de pain noir et de lait, auquel elles firent grand honneur, tant elles étaient affamées.

Tandis que se déroulaient ces événements, Beccafigue essayait en vain de réconforter son maître, rongé par la douleur. En dernier recours, il lui proposa une partie de chasse.

– L'ivresse de la traque vous fera oublier vos tourments, assurait-il.

Cette idée lui avait été soufflée par Bienfaisante, mais le brave conseiller l'ignorait. Car les fées sont habiles en manipulation, et souvent, ce que nous croyons être le fruit de notre esprit est en réalité conçu sous leur dictée.

Voilà donc nos chasseurs partis à l'aventure, dans le bois même où se terraient Mignonnette et sa biche.

Cette dernière, une fois repue et délassée, voulut sortir. Sa nature sauvage ne pouvait résister à l'appel de la forêt. Mignonnette n'eut pas le cœur de la retenir, mais c'est avec anxiété qu'elle la vit disparaître dans les taillis.

L'aimable jeune fille avait raison de s'inquiéter, car à peine Désirée eut-elle fait trois bonds qu'elle se retrouva nez à nez avec Galant-homme. Celui-ci, frappé par la beauté de l'animal, n'eut rien de plus pressé que de le prendre en chasse. Une poursuite effrénée s'engagea, qui tacha de sueur la robe de la biche et rendit au prince son ardeur perdue. Par chance, elle réussit à lui échapper et put, hors d'haleine et tremblante d'effroi, se réfugier dans la chaumière où Mignonnette lui prodigua mille tendresses pour l'apaiser.

Comme la journée touchait à sa fin, Beccafigue et Galant-homme, qui cherchaient un lieu où passer la nuit, parvinrent à leur tour chez la bonne vieille. Elle leur offrit une chambre, voisine de celle de Désirée et Mignonnette. Par une ironie dont le sort est coutumier, le chasseur et sa victime se retrouvaient donc, sans le savoir, séparés l'un de l'autre par une mince paroi.

Le lendemain, malgré le risque encouru, Désirée voulut à nouveau sortir. Le prince, qui n'avait de cesse de l'avoir capturée, était parti traquer aux premiers feux de l'aurore. Et ce qui devait arriver arriva : ils se retrouvèrent face à face. Galant-homme, plus prompt que la veille, décocha une flèche qui atteignit sa

proie au flanc. La bête blessée s'enfuit en bramant, suivie de près par son bourreau.

Mignonnette, que l'absence de sa maîtresse tourmentait et qui la guettait sur le pas de la porte, aperçut la scène de loin. Elle héla le prince comme il épaulait pour la seconde fois :

– Halte-là, seigneur, rengainez votre arme ! Cette biche est à moi !

Galant-homme se confondit aussitôt en excuses, puis regagna sa chambre, cruellement déçu. Lui que l'exaltation de la chasse avait, l'espace d'un instant, distrait de son chagrin, se retrouvait plus affligé qu'avant.

Couchée sur l'herbe tendre qu'elle inondait de son sang, Désirée semblait près de rendre l'âme. Mignonnette, n'ayant pas même de quoi panser sa plaie, courut chez leur hôtesse pour chercher du secours. Mais, ô surprise ! en lieu et place de la vieille femme se trouvait une dame richement vêtue qui la regardait avec douceur.

Bienfaisante – car c'était elle qui, depuis la

veille, se cachait sous l'apparence de la bonne vieille ! – s'empressa de la suivre au chevet de la blessée.

Sitôt qu'elle eut touché le flanc de la biche, la blessure disparut.

– Ah, madame, implora Mignonnette, tombant à ses genoux, vous qui êtes si puissante, désenchantez donc ma maîtresse !

– Hélas, ma pauvre enfant, je ne puis défaire ce qu'a fait ma sœur. En revanche, il m'est possible, jusqu'à un certain point, d'adoucir le sort de ses victimes. Dorénavant, chaque nuit, Désirée retrouvera son aspect de femme. Mais dès le lever du soleil, elle redeviendra biche, et cela aussi longtemps que la fée de la source l'exigera.

Ainsi donc, à la tombée du jour, Désirée reprit, pour quelques heures, figure humaine.

Or, cette métamorphose eut un témoin. Beccafigue, las du mutisme de son maître, avait occupé ces dernières heures à sa manière. Trouvant Mignonnette à son goût, il s'était senti l'envie de l'épier. Armé d'une pointe de flèche, il avait donc foré un petit trou dans le mur, fait de boiserie légère, qui séparait les chambres. Oh, un tout petit trou, juste suffisant pour y coller l'œil ! Et son œil s'y colla par hasard au bon moment.

Jugez de son étonnement en surprenant le prodige ! Le voilà qui crie, appelle le prince, l'invite à venir voir le stupéfiant spectacle : une biche se changeant en femme ! Galant-homme, dont la curiosité est piquée au vif, se précipite. Il regarde à son tour par le trou et, en reconnaissant celle qui occupe ses pensées, se croit victime d'une hallucination.

L'instant d'après, les deux hommes frappent à la porte voisine. Mignonnette, qui pense avoir affaire à Bienfaisante, ouvre. Galant-homme se rue dans la pièce, hurlant le nom de Désirée. Et les deux amants volent l'un vers l'autre, enfin réunis.

Mais ils n'étaient pas encore au bout de leur peine. Réalisant que sa bien-aimée avait failli mourir de sa main, le prince se trouva mal. Et quand il sut qu'elle redeviendrait biche au lever du soleil, son désespoir ne connut plus de bornes.

– Ah, cria-t-il en tombant à genoux, je donnerais la moitié de mes richesses pour que cette malédiction ne fût plus !

Bienfaisante l'entendit et le prit au mot. Elle se chargea elle-même de la transaction, et le fit si adroitement qu'en échange des biens offerts, elle acquit le pardon de la fée de la source.

Les noces de Désirée et Galant-homme eurent lieu le lendemain, en grande pompe. Mignonnette, pour récompense de ses services, obtint la grâce de sa mère et de sa sœur ; Beccafigue, en échange des siens, reçut la main de Mignonnette qui n'y trouva rien à redire. Et tout ce joli monde vécut désormais dans la plus parfaite félicité, ainsi qu'il est de mise au pays des fées.

VIII

LE PETIT GARÇON, LA FÉE ET LA MORT

PETIT PAUL est triste, très triste. Maman est malade. Maman va mourir. Tout à l'heure, en entrouvrant la porte de la chambre où elle repose, pâle, sur ses oreillers, il a vu l'ombre de la mort penchée sur elle.

La détresse de petit Paul est si grande qu'il pourrait s'y noyer. On lui a dit : « C'est l'heure de dormir », mais qui pourrait dormir quand l'ombre de la mort rôde autour de sa mère ?

Dans son lit, Petit Paul grelotte. Il se sent

bien seul avec ce chagrin trop lourd pour lui. Il lui faudrait quelqu'un pour l'aider à le porter. Une amie, oui.

Or, une amie, il n'en a qu'une.

Sur la pointe des pieds, Petit Paul se lève, allume une chandelle et, le bougeoir à la main, se dirige vers la bibliothèque. Dans les rayonnages, il choisit un gros livre, si gros qu'il arrive à peine à le soulever.

C'est l'herbier de Grand-père. Celui auquel personne n'a le droit de toucher.

Il tourne les pages avec précaution. Voici les plantes aromatiques : *serpullum, origanon, rosmarinus, basilikon ;* les fleurs sauvages : *ranunculus, malva, colchicum, viola* ; les simples[1]: *tilia, minthé, eucalyptus...* Chaque végétal, soigneusement séché, est collé et étiqueté. Petit Paul ne s'y attarde pas, il les connaît par cœur. À l'insu de Grand-père, il consulte souvent cet herbier qu'il adore.

---

1. Simples : plantes médicinales.

Page 30, il s'arrête. C'est là que se trouve ce qu'il cherche.

Sur la page 30, soigneusement séchée, collée et étiquetée, il y a une fée. Une toute petite fée, pas plus haute que l'index, pourvue d'une paire d'ailes transparentes et de membres d'une finesse extrême.

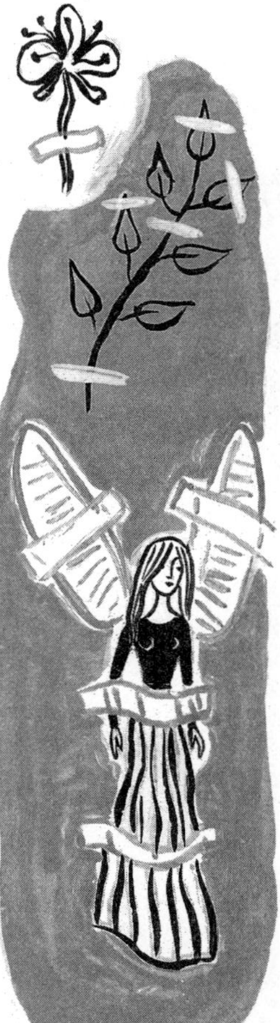

Sur l'étiquette, on peut lire : *Fatum vulgaris.*

C'est le spécimen le plus rare de Grand-père. Celui auquel il tient tout particulièrement.

Cette fée-là est l'amie de Petit Paul. Il sait qu'elle dort dans les pages du gros livre, mais qu'un jour, elle se réveillera. Les fées, même séchées, sont immortelles.

Petit Paul a déjà essayé de la ramener à la vie. La décollant en cachette (Mon Dieu, si Grand-père savait ça !), il l'a exposée au vent, à la pluie, au givre. Il l'a baignée dans la rosée, dans l'eau des sources, dans l'écume des rivières. Il l'a même fait tremper dans un bol de lait tiède. « L'humidité, se disait-il, lui redonnera forme et vigueur. » Maman ne procède-t-elle pas ainsi pour rendre leur volume aux haricots secs ?

Mais tous ces soins sont restés sans effet, hormis celui d'effriter légèrement la fragile créature.

Une fois de plus, Petit Paul sort délicatement la fée du gros livre et la pose dans sa paume. Elle a l'aspect d'un pétale de fleur fanée.

– Fatum – c'est ainsi qu'il l'appelle –, Fatum, je suis bien malheureux...

La fée ne réagit pas plus qu'un pétale de fleur fanée.

Petit Paul souffle sur elle. Elle vibre un peu, mais ce n'est que le résultat du léger courant d'air.

– Réveille-toi, Fatum, j'ai tant besoin de toi !

Fatum ne s'éveille pas plus qu'un pétale de fleur fanée.

Alors, Petit Paul se met à pleurer. Une larme tombe sur la fée, puis une seconde. Et, ô merveille, au contact de cette liqueur magique entre toutes, la voilà qui reprend forme et vigueur. Son petit corps terne gonfle, redevient rose, dodu et plein de grâce. Sa longue chevelure retrouve sa souplesse. Ses ailes nacrées s'agitent gaiement.

Elle bâille, puis sourit.

– Ai-je dormi longtemps ?

Petit Paul, ébloui, a cessé de pleurer. Il contemple le prodige et sourit à son tour.

– Quelques années à peine, répond-il doucement.

– Seules des larmes sincères pouvaient me ranimer, est-ce toi qui les as versées ?

Petit Paul hoche la tête.

– Et pour quelle raison ?

– Ma mère va mourir... Les fées sont toutes-puissantes, ne peux-tu la sauver ?

À ces mots, Fatum déploie ses ailes, engourdies par son long sommeil, et s'envole avec la légèreté d'un papillon.

– Allons la voir, dit-elle.

Petit Paul la guide vers la chambre maternelle.

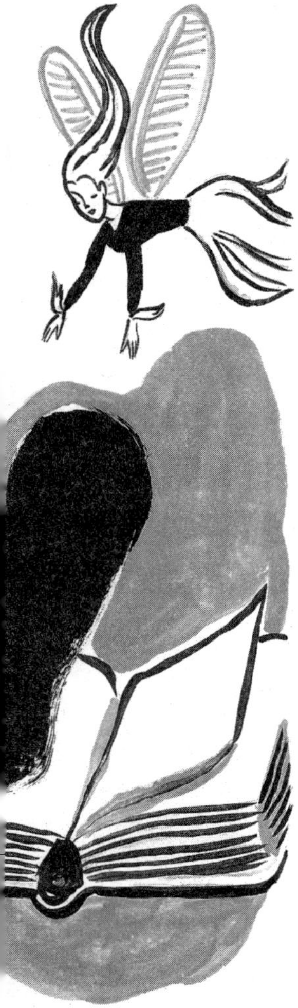

Sur ses oreillers, la pauvre femme repose. L'ombre de la mort la recouvre, comme la vague recouvre le sable.

Sans perdre une seconde, la fée plonge vers l'ombre qu'elle saisit à deux mains.

– Nous arrivons à temps, dit-elle à Petit Paul, ta mère respire encore. Cours chercher le gros livre !

L'enfant s'empresse d'obéir.

– Ouvre-le !

Petit Paul ouvre le livre, à la page 30.

De toute la force de ses bras minuscules, la fée soulève l'ombre et la laisse retomber sur l'espace laissé vacant. Telle une tache d'encre, l'ombre s'incruste dans le feuillet jauni, juste au-dessus du *Fatum vulgaris* si joliment calligraphié.

– Ferme le livre, à présent, et range-le, dit la fée, hors d'haleine.

Petit Paul ferme l'herbier et le remet bien vite dans la bibliothèque.

Sur son lit, Maman a ouvert les yeux. Elle appelle. On se précipite à son chevet.

– J'ai faim, déclare-t-elle.

La maisonnée crie au miracle. On remercie le ciel, on court dans tous les sens, on se hâte de préparer un repas, des boissons.

Effarouché par tant d'agitation, Petit Paul se réfugie dans sa chambre.

– Es-tu heureux ? demande la fée qui l'a rejoint à tire-d'aile.

L'expression radieuse de l'enfant parle pour lui.

– Cependant, quelque chose te chiffonne, reprend la fée. Je le lis dans tes yeux.

– Oui, avoue Petit Paul avec un éclat de rire. Je pense à la colère de Grand-père quand il trouvera, dans son herbier, une tache d'encre à la place de son beau spécimen de *Fatum vulgaris* !

IX

L'ENCHANTEUR ENCHANTÉ

À CHACUN son enfer, dit-on. Celui de l'enchanteur Merlin fut d'être enfermé pour l'éternité dans un buisson de roses...

Jamais, de mémoire d'homme, magicien n'eut plus de pouvoir que celui-là. Le Soleil et la Lune lui obéissaient : il en ralentissait ou en hâtait la course selon son bon plaisir. On raconte qu'ainsi, durant un mois entier, il plongea le monde dans la nuit pour les beaux yeux d'une elfe qui s'obstinait à compter les étoiles.

D'un geste, il pouvait changer la mer en terre ferme et inversement. Sa seule présence suffisait à mettre une armée en déroute : ne l'avait-on pas vu, au cours d'une bataille où son ami le roi Arthur avait le dessous, transformer chaque brin d'herbe en chevalier afin d'écraser les troupes ennemies ?

Aujourd'hui encore, démons et lutins tremblent au bruit de son nom. Et pourtant, depuis combien de siècles Merlin dort-il, bercé par le murmure des eaux, dans les profondeurs de la forêt de Brocéliande ?

Pour l'amour d'une fée.

Pour un simple « oui » de Viviane.

Ayant connaissance du passé, du futur et de tous les pièges du temps, l'enchanteur aurait dû se méfier, pourtant. Prévoir qu'en approchant la belle, il courait à sa perte. Mais la passion rend aveugle, et celle qu'il éprouva dès le premier regard lui ôta toute prudence.

Viviane était coquette, ambitieuse et cruelle. Elle vit aussitôt le parti à tirer de ce penchant. Connaître les secrets du plus grand des enchanteurs, le soumettre à tous ses caprices, quelle victoire pour une simple fée !

Elle prit l'habitude, au coucher du soleil, d'aller laver sa longue chevelure à la fontaine de Barendon, dont l'onde court parmi les feuilles mortes et les pierres moussues. Là, Merlin, séduit par l'éclat pourpre que jetait l'astre mourant dans ses cheveux humides – les rendant semblables à des algues de sang –, venait la rejoindre. Le crépuscule les voyait causer, les mains dans les mains. Et l'ombre noyait peu à peu leurs deux silhouettes, plus proches l'une de l'autre chaque nuit.

Jamais encore Merlin n'avait connu pareils émois. Jamais une créature femelle, fût-elle fille des eaux, de l'air, du feu ou de la brume, n'avait ainsi fait battre son cœur, embrasé son âme et enflammé ses sens. Lui, le docte savant, le maître des éléments, le sage à longue barbe blanche, se découvrait soudain des ardeurs de jouvenceau. Si bien qu'un soir, n'y tenant plus, il demanda Viviane en mariage.

Elle sourit. Et ce sourire était si rayonnant qu'un second croissant de lune semblait s'être allumé dans la forêt nocturne.

– Ô grand enchanteur, répondit-elle (sa voix résonnait comme une musique céleste), ô grand enchanteur, je ne suis pas digne de vous ! Que ferait Merlin d'une épouse sotte et inculte ? Non, non, je ne souffrirais point que mon mari ait honte de moi !

Il eut beau protester, elle n'en démordit pas.

– Vous n'aurez ma main, conclut-elle, que lorsque ma science égalera la vôtre. Alors, je pourrai sans rougir partager votre destinée, puisque je serai votre semblable.

Certes, ces paroles étaient fort audacieuses et dénotaient un inquiétant orgueil. Mais Viviane les accompagna d'une moue si adorable, d'une expression de candide coquetterie à ce point irrésistible, que Merlin tomba dans le piège.

– Qu'il en soit fait selon ta volonté, dit-il. Désormais, tu seras mon élève. Je te transmettrai mon savoir sans en rien omettre.

Ainsi fut fait. De ce jour, Merlin et Viviane ne se quittèrent plus. Il lui enseigna l'art de la divination et la pratique de la magie. Par sa bouche, elle apprit le langage des animaux, le fonctionnement de l'univers, la course des planètes au fond du firmament et les recettes qui changent le plomb en or. Astrologie, astronomie, occultisme, chiromancie, nécromancie et sorcellerie n'eurent aucun secret pour elle. Et plus ses connaissances s'étendaient, plus l'enchanteur la trouvait séduisante. Car ses traits, non contents d'être faits à ravir, reflétaient à présent l'intelligence, ce qui décuplait leur beauté.

– Tu en sais autant que moi, ma mie, lui déclara un jour Merlin. Maintenant que tu es mon égale, m'accorderas-tu enfin ta main ?

Mais la futée secoua la tête, ce qui fit danser sur ses épaules sa flamboyante chevelure.

– Non point, mon maître, car il est une chose que j'ignore encore.

– Laquelle ?

– Comment (car la passion est éphémère !) vous enchaîner à moi pour toujours ?

Merlin baissa la tête. Il savait que livrer ce dernier secret à Viviane, c'était renoncer à lui-même et devenir à jamais son esclave. Mais le désir l'emporta sur la raison, tant il est vrai que même les êtres les plus sages ont une part de folie en eux.

– Je te l'apprendrai, promit-il, mais en échange d'un baiser.

Ce baiser, elle le lui accorda. Jamais Merlin, au cours de sa longue existence, n'avait connu semblable ivresse. Quel triomphe guerrier, quelle victoire de l'homme sur la matière, quelle découverte et quel pouvoir valent, pour un être épris, le baiser de la femme qu'il aime ?

Ainsi, l'enchanteur apprit à Viviane comment le réduire à sa merci. Ils se marièrent donc et, au soir de leurs noces, comme le couchant incendiait l'horizon :

– Je veux aller laver mes cheveux dans la fontaine de Barendon, déclara Viviane.

Son époux y consentit. Or, au bord de la fontaine grandissait un rosier dont les pétales servaient de parure aux elfes et aux nymphes. Viviane fit asseoir Merlin au pied de l'arbuste tandis que, dénouant son ample chevelure, elle procédait à sa toilette coutumière.

Mais cette toilette fut si longue, si longue que Merlin s'endormit avant qu'elle ne prît fin. Alors, torsadant dans sa nuque ses mèches couleur de sang, la perfide fée mit son projet à exécution.

Quiconque l'eût aperçue se fût imaginé qu'elle dansait de joie, dans l'ombre naissante. Quoi de plus naturel, pour une jeune mariée ? Mais en réalité, elle tirait profit des leçons du dormeur, afin qu'il tombât en son pouvoir.

Son voile flottant derrière elle ainsi qu'une nuée, elle traça des cercles autour de Merlin, agitant les mains et croisant les pas. Ces gracieuses arabesques s'accompagnaient d'un chant, mais quel chant ! Une mélopée plus subtile que le chuchotement des sources, plus plaintive que le vent dans la ramure, plus délectable que le gazouillis de milliers d'oiseaux. Seule une gorge de fée pouvait moduler pareils sons. La forêt de Brocéliande en frémit tout entière, et les bêtes des bois se turent pour l'écouter.

Par neuf fois, Viviane contourna l'enchanteur. Quand ce fut fini, les branches du rosier s'étaient déployées, emprisonnant Merlin dans un treillage d'épines dont nulle puissance au monde n'aurait pu le délivrer.

Il y a bien longtemps de cela, et pourtant le souvenir du prisonnier est demeuré vivace, dans le pays breton. Le soir, à la veillée, les vieux parlent encore de son retour prochain. Mais leur espoir s'amenuise au fil du temps, car ce retour dépend du bon vouloir de

Viviane, et celle-ci ne semble guère encline au repentir. Depuis des siècles et des siècles, elle monte jalousement la garde auprès de la fontaine, métamorphosée en écume blanche.

X

Petit-Monstre et le roi

Dans les temps anciens régnait sur la Chine un roi fort stupide. Son cheval lui-même avait plus de raison, et les rossignols de ses jardins roulaient, dans leur cervelle d'oiseau, de plus sages pensées. Il avait épousé une reine aussi sotte que lui. N'exigeait-elle pas que ses cuisiniers lui servent ses repas dans la lune, qu'elle prenait pour un plat de cuivre ?

Le peuple, s'il ne les avait craints, se serait volontiers moqué des deux niais. Mais hélas, la sottise, chez les gens de pouvoir, se double souvent d'une grande cruauté. Ces souverains-là avaient la main prompte à héler le bourreau, et leurs sentences, pour imbéciles qu'elles soient, n'en faisaient pas moins tomber les têtes. De sorte qu'autour d'eux chacun les respectait, bien qu'ils ne fussent pas respectables.

Un premier-né leur vint. Une première-née, plutôt, superbe fillette de quelque huit livres, vagissant et tétant avec une saine vigueur. Cependant, lorsque la sage-femme la leur présenta, ils poussèrent de hauts cris.

– Cette enfant est horrible ! se récria le roi. Voyez, elle n'a ni cheveux ni dents !

– Sa taille est celle d'un gnome ! ajouta la reine. Et sa voix, au lieu de nous charmer par des chants mélodieux, nous assourdit d'odieuse manière.

– Est-ce là une princesse digne de nous ? tempêtait le roi.

– Nous avons un monstre pour descendance, sanglotait la reine.

En vain, la sage-femme, puis les ministres, puis la cour tout entière leur affirmèrent-ils que c'était là le lot commun des nourrissons.

– L'on nous ment pour soulager notre tourment, geignaient les souverains en larmes.

Ils nommèrent l'enfant Petit-Monstre et appelèrent les plus grands médecins du royaume à son chevet.

– J'exige, leur dit le roi, les ayant rassemblés séance tenante, que vous mettiez votre science au service de ma fille. Guérissez-la, faites en sorte que ses dents poussent, qu'une chevelure épaisse couvre son crâne chauve et qu'elle devienne de belle taille. Si vous échouez, il vous en cuira !

Un brouhaha de protestations s'éleva de la docte assistance, et Ti-K'i-Lo, apothicaire de renom, prit la parole :

– Nulle potion ne viendra à bout du mal de Petit-Monstre, déclara-t-il, n'osant, malgré son envie, contrer ouvertement les sornettes du roi.

– Inventez-en une ! cria ce dernier.

– Ce serait inutile, intervint Na-Laï, savant chirurgien de la Chine du Nord. Les symptômes disparaîtront d'eux-mêmes.

Mais le roi ne voulut rien entendre, assurant que si un remède n'était pas trouvé promptement, il ferait couper le cou à toute l'assemblée.

– Vous avez jusqu'au chant du coq pour réfléchir, conclut-il, en sortant de la salle du trône. Passé ce délai, la hache du bourreau entrera en danse !

On devine sans peine l'embarras des médecins. Une épidémie de peste ou de choléra les eût moins déconcertés que l'entêtement absurde de leur souverain. La nuit entière se passa en discussions. Les uns proposaient telle potion, d'autres tels massages ou telle opération. Des méthodes fantaisistes étaient élaborées – étirement des membres par suspension, friction du crâne au sang de bœuf, brûlure des gencives, implants de pelage et de dents de guenon – mais abandonnées aussitôt. L'on fit, sans résultat, appel à toutes les connaissances des livres de médecine depuis la plus haute antiquité. Et ceci pour en revenir toujours au même point : seul le temps avait pouvoir de changer l'apparence de Petit-Monstre. Face aux lois intransgressibles de la nature, la science est impuissante.

Le jour se leva sans qu'aucune solution acceptable fût trouvée. Aux premières lueurs de l'aube, un grincement sinistre parvint aux oreilles des savants : le bruit du bourreau aiguisant sa lame. Puis le coq chanta et le roi parut.

– Eh bien ? leur dit-il, en prenant place sur son trône. La nuit vous a-t-elle porté conseil ? Êtes-vous résolus à soigner ma fille ?

Les médecins s'entre-regardèrent avec effarement.

– Alors ? Je vous écoute ! tonna le roi d'une voix terrible.

Seul un silence consterné lui répondit, que

rompit le coup de gong appelant le bourreau.

C'est alors qu'un petit vieillard se détacha du groupe. Ce n'était pas un grand savant mais un simple rebouteux de village, pétri de bon sens et de sagesse. La veille, tandis que ses collègues péroraient, il avait longuement réfléchi.

– Sire, dit-il, je sais comment guérir Petit-Monstre.

Cette déclaration pétrifia l'assistance d'étonnement.

– Parle ! ordonna le roi. Ce remède, quel est-il ?

– Un baume de ma composition dont je vous garantis l'effet. Mais cela prendra un certain temps : ce genre d'affection ne se traite pas en un jour !

– Qu'importe, répondit le roi, je suis prêt à attendre. Mais gare à toi si tu me mens, car tu périrais dans d'affreuses tortures !

Le petit vieillard sourit paisiblement.

– Donnez-moi un pavillon isolé au fond de

vos jardins, où je puisse garder la princesse en observation. Afin que sa disgrâce ne blesse pas vos yeux, ni vous ni la reine ne devrez la voir avant la fin du traitement.

– Cela me paraît judicieux, approuva le roi. Que l'on fasse comme tu dis !

– Par ailleurs, j'aurai besoin, pour fabriquer mon baume, d'une plante appelée coloquinte. Elle ne fleurit que tous les deux ans et doit être cueillie au premier matin de sa quatrième floraison.

– Je te procurerai cet ingrédient, dit le roi.

– Il me faudra également de la pierre de calcédoine. Celle-ci se trouve au sommet des monts Kouen-Lun et n'atteint l'effet désiré que lors de la fonte des neiges. Or, vous n'êtes pas sans savoir que sur les monts Kouen-Lun, la neige fond tous les six ans.

– Tu auras tout cela, acquiesça le roi.

La reine, qui entre-temps avait rejoint son époux, s'interposa :

– Laissons de côté ces détails pratiques.

Ce qui nous importe, à mon époux et à moi-même, c'est le temps que dureront les soins.

– Une douzaine d'années, répondit le petit vieillard.

La reine prit un air contrarié.

– Tant que cela ?

– Hélas, Majesté, malgré toute ma science, je ne puis hâter le rythme des saisons. Cependant, passé ce délai, je vous jure sur mon âme que Petit-Monstre sera digne de ses augustes parents.

Le roi et la reine s'armèrent donc de patience. Bien leur en prit, car au bout de douze ans, quelle ne fut pas leur joie de constater que leur fille avait bel et bien retrouvé la santé. Sa taille était fort élancée, sa tête s'ornait d'une chevelure épaisse et brillante, et dans sa bouche, des dents de nacre apparaissaient à chaque sourire. De plus, elle chantait et dansait à ravir.

Sa beauté était telle qu'on la débaptisa pour l'appeler Soleil-levant. Quant au petit vieillard, il fut décoré, couvert d'or, et devint le médecin officiel du palais.

L'histoire aurait pu s'arrêter là, sur cette heureuse fin, mais il n'en fut rien. Car Soleil-levant, en dépit de ses charmes, était aussi stupide que ses parents.

Depuis sa guérison, son père n'avait d'yeux que pour elle, veillant à satisfaire le moindre de ses caprices. Les coffres de la princesse débordaient de somptueux habits, ses cassettes regorgeaient de bijoux incomparables, des esclaves l'escortaient nuit et jour, attentifs à tous ses désirs. Mais la nature humaine est ainsi faite que plus elle possède, plus elle veut posséder. Aussi, Soleil-levant devint-elle insatiable.

Un jour, le roi la vit venir, la mine déconfite.

– Vous semblez chagrine, lumière de mes jours, lui dit-il tendrement. Quelqu'un vous a-t-il contrariée ? Apprenez-moi son nom, que je le livre à l'instant même à mon bourreau !

– Ce n'est point d'une personne que j'ai à me plaindre, mon cher père.

– Alors, quelle est la cause de votre souci ?

– Vous savez combien j'aime les joyaux, n'est-ce pas ?

Le roi sourit.

– Si je le sais ! Ne vous ai-je point offert des pierreries à profusion, du diamant le plus pur au flamboyant rubis, du saphir d'azur à la verte émeraude, sans compter les perles, opalines, améthystes et autres topazes ?

– Cependant, dit la princesse, il en est une qui me fait défaut, et c'est bien là la cause de ma tristesse.

Sans vouloir en entendre plus, le roi se tourna vers son chambellan.

– Qu'on m'amène mon orfèvre, mort ou vif ! hurla-t-il.

Quelques secondes plus tard, l'orfèvre – plus mort que vif ! – se prosternait à ses pieds.

– Misérable ! s'écria le roi, le repoussant du bout de sa chaussure. Ne t'avais-je point ordonné de couvrir ma fille de bijoux ?

– Je l'ai fait, Sire, répondit le malheureux,

le front dans la poussière. Il n'est point de gemme qu'elle ne possède !

– Si ! coupa Soleil-levant en serrant ses petits poings.

L'orfèvre, suffoquant, baisa le bas de sa robe.

– Dites-moi lequel, Sublime Excellence, et je vous l'apporterai sur l'heure, j'en fais serment !

Du menton, Soleil-levant indiqua l'une des fenêtres donnant sur les jardins. Une fontaine s'y encadrait, nimbée d'une myriade de gouttelettes irisées.

– Je veux un diadème serti de ces bulles d'eau !

Le roi eut un regard féroce pour l'orfèvre prostré.

– As-tu entendu ce qu'a dit ma fille ? Empresse-toi de la satisfaire si tu tiens à la vie !

– Que Votre Majesté me pardonne, gémit l'orfèvre, mais cela est impossible.

– Impossible !? Faut-il donc que je t'arrache la langue pour te faire payer ces paroles sacrilèges ? Sache que si Soleil-levant en manifestait le souhait, j'arrêterais le cours des astres et je ferais trembler la terre. L'amour d'un père ne souffre aucun obstacle !

Ayant ainsi vociféré, le roi appela sa garde.

– Enfermez ce chien dans ma geôle la plus sombre !

Et tandis qu'on emmenait le pauvre orfèvre, il lui lança :

– Je vais faire mander tous les artisans bijoutiers d'Orient, et nous verrons bien si c'est « impossible »! Mais souviens-toi de ceci : le jour où l'un d'eux aura réalisé cet « impossible » diadème sera le dernier de ton existence !

Bientôt, de Chine, de Cochinchine[1], du Tonkin, du Japon affluèrent les maîtres joailliers. Tous échouèrent avant même d'avoir rien tenté. Et les prisons s'emplirent

1. Cochinchine : nom donné, auparavant, par les Français à la partie méridionale du Viêt-nam.

d'une foule d'innocents, dont le seul crime était de n'avoir pas accompli le vœu de Soleil-levant.

Le bruit de ces méfaits parvint aux oreilles du médecin de la cour qui, fuyant les honneurs futiles, vivait en ermite dans son pavillon. Jugeant de son devoir d'intervenir, il s'en fut trouver le roi.

– Relâchez ces gens, lui dit-il. Je puis vous donner, moi, satisfaction.

Sa tranquille assurance étonna le souverain.

– Toi, petit vieillard, tu réussirais là où les orfèvres les plus habiles ont échoué ?

– Certes, je m'y engage, mais à une condition.

– Laquelle ?

– Que votre fille elle-même m'assiste dans mon travail.

Semblable activité était-elle digne d'une princesse ? Cela demandait réflexion. Or le roi, nous l'avons compris, n'était point doué pour cet exercice. Il lui fallut trois jours et quatre nuits avant d'arriver à cette conclusion : le petit vieillard avait été le seul, parmi tous les médecins, à pouvoir guérir Soleil-levant, pourquoi ne serait-il pas le seul, parmi tous les orfèvres, à la satisfaire ?

Le roi résolut donc de lui accorder ce qu'il demandait.

Le vieillard alors se mit au travail. Il fit couler un diadème d'or de la plus délicate facture, puis, quand vint le moment d'y sertir les bulles :

– Va donc me les quérir ! dit-il à sa jeune assistante.

Soleil-levant obéit, courut à la fontaine, tenta en vain – et ce, durant une journée entière ! – de s'emparer des bulles. Mais tout ce qu'elle réussit à attraper, ce fut un rhume !

Les bévues du roi, de la reine et de Soleil-levant se poursuivirent jusqu'à la fin de leur règne, mais elles seraient trop longues à narrer ici. Si l'on n'en doit, cependant, retenir qu'une chose, que ce soit celle-ci : un peuple gouverné par des gens sans cervelle est bien à plaindre !

XI

LA SOURCE DE JOUVENCE

YOSHIDA et Fumi étaient bien vieux. Ils avaient vu défiler tant de saisons que le nombre s'en perdait au fond de leur mémoire. Près de cent fois, les fleurs avaient garni les branches des pommiers, dans le jardin de leur petite maison. Plus de trente mille nuits les avaient réunis, couchés côte à côte sur le tatami[1]. Et durant plus de trente mille matins,

1. Tatami : natte de bambou qui sert de lit au Japon.

ils avaient salué ensemble le soleil, émergeant de la brume derrière le Fuji-Yama[1].

Quand commence notre histoire, le soir tombait.

Comme à l'accoutumée, Yoshida, assis sur le pas de sa porte, tenait la main de sa vieille. Ils ne parlaient pas. Qu'auraient-ils encore eu à se dire ? Ils avaient échangé tant de paroles, au cours de leur long parcours commun, que leur langue en était usée. D'ailleurs, point n'était besoin de discours entre eux : ils se comprenaient d'un simple regard.

Dans la grande paume de Yoshida, que durcissaient les cals d'une vie de travail, les petits doigts fripés de Fumi, jadis si gentiment potelés, s'abandonnaient avec confiance.

Tous deux rêvaient. Il est doux, quelquefois, aux ombres du crépuscule, de remonter en pensée vers les lueurs de l'aube. Ils se revoyaient,

1. Fuji-Yama : volcan éteint constituant le point culminant du Japon (3 776 m).

jeunes et pleins d'élans, s'essayant aux premières étreintes. Se découvrant l'un l'autre, émerveillés. Apprenant à s'aimer avec maladresse. Mêlant rires et pleurs sous l'effet du bonheur. De ces moments de joie, une fille leur était née : Lune-de-Mai, dont les vagissements faisaient chanter la maison. Hélas, elle s'était éteinte en bas âge, laissant ses parents inconsolables.

Dès lors, Yoshida n'avait plus vécu que pour Fumi, et Fumi que pour Yoshida.

Or, ce soir-là, bien qu'il eût débuté comme les trente mille soirs précédents, se révéla être entre tous merveilleux.

Cela commença par une étoile filante, ou, du moins, ce que Yoshida prit pour telle.

– Regarde donc, s'écria-t-il, ce trait de feu dans le ciel !

Fumi regarda et sursauta : le trait de feu se dirigeait vers eux.

Ayant touché terre, le trait de feu prit forme. Celle d'une femme d'une beauté extrême,

au corps brillant comme la lune et transparent comme le cristal.

– Je suis la fée de la Constance, leur dit-elle. Du haut du firmament, je vous observe depuis toujours. J'ai vu peu à peu votre front se rider, vos cheveux blanchir, votre dos se voûter, mais je n'ai pas vu changer votre amour. Soyez récompensés, humains, pour avoir su garder intacte cette flamme fragile ! Formulez un souhait, je le réaliserai.

Stupéfaits, les deux vieillards se consultèrent des yeux. Et, malgré l'âge, Yoshida sentit son sang couler plus vite dans ses veines. Il serra la main de Fumi qui lui sourit.

– Désirons-nous la même chose ? demanda la vieille femme de sa voix chevrotante.

– Sûrement ! répondit son mari.

– Quel exemple d'accord parfait ! s'exclama la fée. Puisqu'il en est ainsi, je veux vous entendre prononcer ce vœu à l'unisson.

Ensemble, Yoshida et Fumi ouvrirent la bouche. C'est à cet instant que les choses se gâtèrent, car, contre toute attente, leurs vœux différaient.

– Je souhaite que nous retrouvions la jeunesse, dit Yoshida.

– Je souhaite que nous retrouvions Lune-de-Mai, dit Fumi.

C'était leur premier désaccord.

– Voyons, Fumi ! s'écria Yoshida. Nous sommes bien trop vieux pour élever une enfant !

– Qu'importe, rétorqua son épouse, pourvu que nous puissions la serrer dans nos bras !

– Mais en redevenant jeunes, il nous sera facile d'engendrer d'autres fils, d'autres filles ! reprit Yoshida.

– Lune-de-Mai est la seule descendance que je veuille ! assura Fumi.

Ce fut leur première dispute. Le ton monta.

– Égoïste ! glapissait Fumi.

– Mégère ! fulminait Yoshida.

Ils en seraient venus aux mains sans l'intervention de la fée.

– Hâtez-vous de vous mettre d'accord, leur dit-elle sévèrement. Car, à ouïr vos chamailleries, l'envie me prend de vous planter là et de m'en retourner d'où je viens. Pour un couple dont l'harmonie est proverbiale, vous me semblez bien durs l'un envers l'autre !

Saisis de honte, les deux vieillards baissèrent la tête.

– La fée a raison, admit Yoshida, le rouge au front. Mon comportement est inexcusable. Qu'il en soit fait selon ton désir, ma chère épouse.

– Point du tout, répliqua Fumi, c'est moi qui me suis conduite d'odieuse façon. Pardonne-moi, mon époux bien-aimé, et que ton vœu soit exaucé.

– Non, le tien, douceur de ma vie !

– Le tien, élu de mon âme !

– Il suffit ! trancha la fée, que ces simagrées agaçaient tout autant que la querelle. Puisque vous ne pouvez vous entendre, le sort décidera à votre place.

Elle cueillit deux brins d'herbe qu'elle cacha dans sa main.

– Celui qui tirera la plus longue brindille verra son souhait réalisé, décréta-t-elle.

Le hasard désigna Yoshida.

– Fort bien, reprit la fée, votre jeunesse vous sera donc rendue. Non loin d'ici, dans le vallon, coule une source de jouvence. Chaque gorgée de son eau vous retirera dix ans. Mais veillez bien à vous y rendre séparément, car le prodige n'a lieu que dans la solitude.

Et sur ces mots, elle s'envola.

Encore bouleversés par leur mésaventure, les deux vieillards restèrent un moment silencieux. Puis Yoshida se tourna vers sa compagne :

– Mon cœur est lourd de regrets, murmura-t-il. Si je t'avais écoutée, Lune-de-Mai sauterait à présent sur mes genoux. Ah ! que ne m'as-tu cloué le bec, toi qui es meilleure que moi !

D'un geste plein de tendresse, Fumi caressa la main noueuse de son époux.

– Non, mon ami, ton choix était le bon. Tu l'as dit toi-même : nous sommes aux portes de la mort. Quel eût été le chagrin de cette petite en nous voyant disparaître, et son avenir, privée du soutien de ses parents ? La nature est fort sage, qui ne féconde que les jeunes gens, épargnant ainsi à leur descendance le triste sort des orphelins.

Ils se turent, des larmes plein la gorge, l'ancienne plaie, qu'ils croyaient depuis longtemps cicatrisée, à nouveau à vif.

Les feux de l'aurore naissaient à l'horizon lorsque Yoshida prit une décision.

– Je vais me rendre à la source de jouvence, puisque tel est mon destin, déclara-t-il. Attends-moi ici, et lorsque tu verras paraître le jeune homme que je fus, pars à ton tour.

Longtemps, Fumi le suivit des yeux, tandis qu'il s'éloignait à petits pas, courbé sur sa canne. Puis elle rentra dans sa maison préparer le repas, tout en réfléchissant aux étranges événements qui bouleversaient sa vie.

La source n'était distante que de quelques kilomètres, mais, depuis bien des années, les jambes de Yoshida n'avaient plus accompli semblable performance. Lorsqu'il y parvint, le soleil était déjà haut dans le ciel.

Bien que cela lui demandât un effort considérable, tant il était perclus de rhumatismes, le vieillard se courba vers l'onde claire et but. À chaque gorgée, son reflet dans l'eau lui renvoyait l'image d'un lui-même rajeuni. Tous les âges de sa vie défilèrent sous ses yeux : vieil homme encore vert, vigoureux homme mûr, jeune homme plein de charme et d'insouciance. Arrivé à ce stade, il se redressa. Son corps était devenu plus souple qu'un roseau.

Alors, il prit sa canne et la lança au loin, puis se mit à courir.

Ce fut hors d'haleine qu'il parvint chez lui. Lorsqu'elle l'aperçut, Fumi éprouva une grande émotion. Car ce beau garçon était bien tel que dans ses souvenirs, et le revoir faisait battre son vieux cœur.

– Va vite, ô mon aimée, lui cria-t-il de sa voix juvénile, et reviens-moi aussi fraîche qu'à vingt ans ! Une nouvelle nuit de noces nous attend !

La vieille femme partit donc. Mais comme elle trottait menu, elle n'atteignit la source qu'au coucher du soleil.

Yoshida, durant son absence, avait orné la maison de fleurs. Il avait semé des pétales de roses sur le tatami et brûlé de l'encens, afin que leur chambre eût l'air d'un temple. Et n'en était-ce pas un, cet endroit où allait se célébrer, dès le retour de la jeune femme, le rite flamboyant de l'amour retrouvé ?

Vint la nuit. Dans le cœur de Yoshida, l'inquiétude remplaça peu à peu l'impatience.

« Pourquoi Fumi tarde-t-elle tant ? » se demandait-il.

Et de calculer le temps qu'il fallait pour aller à la source d'une démarche sénile, puis d'en revenir du pas ailé de l'adolescence.

Les heures s'écoulèrent, non plus chargées de

promesses mais d'une sourde angoisse. Yoshida tournait en rond dans sa demeure solitaire. Lui que jamais Fumi n'avait quitté, ne serait-ce qu'une heure, ressentait cruellement cette séparation. D'effroyables pensées lui traversaient l'esprit. Qu'était-il advenu de sa pauvre compagne, si menue, si vulnérable ? Quelque malandrin l'avait-il attaquée en cours de route ? Avait-elle été victime d'un malaise ? Gisait-elle dans l'herbe, malade, blessée, implorant un secours qui ne venait pas ? La mort, voyant sa proie sur le point de lui échapper, s'était-elle mise en travers de sa route pour l'emporter, vite, vite, au seuil de cette nouvelle jeunesse ?

À moins que...

À moins que, redevenue aussi belle qu'à vingt ans, elle n'ait séduit un godelureau de passage et, oubliant son vieil époux, ne se soit donnée à lui...

L'anxiété de Yoshida s'épiçait de jalousie. Ainsi, durant cette nuit d'attente – la plus longue, sans doute, et la plus éprouvante qu'il eût connue –, fit-il le tour des sentiments humains, de l'amour à la haine, de l'exaltation au désespoir, de la passion la plus folle au plus noir désir de vengeance.

Dès le lever du jour, n'y tenant plus, il partit. Et refit à l'inverse le chemin de la veille, sans rencontrer Fumi.

La source était déserte. Seul un rossignol, perché sur une branche, y saluait le matin de son chant mélodieux.

– Fumi ! appela Yoshida, le cœur battant. Fumi, où es-tu ?

Le silence lui répondit.

Le silence... et un faible vagissement montant des roseaux.

Saisi d'un sombre pressentiment, le jeune homme se rua en direction du cri. Un bébé transi de froid était posé à même le sol, sur la berge. Une fillette de quelques mois à peine, et qui gigotait dans ses langes.

– Lune-de-Mai ? murmura Yoshida en lui tendant les bras.

Oui, c'était bien Lune-de-Mai, il reconnaissait son visage, ses traits si proches de ceux de sa mère...

Ces traits qui auraient pu être ceux de Fumi, enfant.

Qui ÉTAIENT ceux de Fumi enfant. Une Fumi ayant trop bu d'eau de jouvence...

En un éclair, Yoshida comprit. Par amour, elle avait fait en sorte que s'accomplissent les deux souhaits de son époux. Grâce à ce stratagème, Yoshida retrouvait à la fois sa jeunesse et sa fillette perdue.

– Et dans vingt ans, je retrouverai ma femme... soupira-t-il, en attachant le bébé sur son dos.

Ainsi reprit-il le chemin du logis, tandis qu'à son oreille gazouillait Fumi-de-Mai.

XII

L'ÎLE ENSORCELÉE

LES VOYAGES, dit-on, forment la jeunesse. Afin de mettre cette maxime en pratique, Kaddour, prince de Samarcande, fit quatre fois le tour du monde. C'est au cours de son dernier périple, alors qu'il s'apprêtait à regagner ses foyers, qu'il connut l'étrange aventure que voici.

Tout commença par une tempête, au large de la mer Caspienne[1]. Tempête si violente que

1. Mer Caspienne : mer fermée, située à l'est de l'Europe.

le bateau de Kaddour fit naufrage et que l'équipage périt noyé. Seul le prince échappa à la mort en s'agrippant à une épave.

Il dérivait depuis sept jours et autant de nuits, torturé par la soif et la faim, lorsqu'il aperçut une terre, au loin. Au lieu de s'en réjouir, le jeune homme recommanda son âme à Allah, car il est écrit que les moribonds ont souvent des visions merveilleuses, et celle-ci l'était entre toutes. L'île qui se dessinait sur la ligne d'horizon brillait comme le soleil.

Or, ce mirage n'en était pas un, mais bel et bien la réalité. Lorsqu'il en prit conscience, Kaddour bénit le Très-Haut avant de nager vers une plage de sable fin qui s'étendait à perte de vue.

C'est alors qu'une chose singulière se passa : la plage se couvrit d'une foule d'animaux. Des chevaux, des éléphants, des chameaux, des brebis, ainsi qu'une myriade d'oiseaux, de l'aigle gigantesque à l'infime colibri. Ces bêtes formaient un barrage entre la terre ferme et celui qui tentait d'y aborder, le repoussant sans haine mais avec fermeté vers l'élément liquide. De sorte qu'après avoir, pendant des heures, tenté en vain de se frayer un passage, Kaddour, à bout de forces, finit par renoncer.

Il demeura donc à la frange des vagues, où, d'épuisement, il perdit connaissance. Ce fut là qu'Abdullah le découvrit, à demi enfoui dans les algues. Pris de pitié, le vieil homme le chargea sur son âne et l'emmena chez lui.

Quel ne fut pas l'étonnement du rescapé, à son réveil, d'avoir devant les yeux, non pas la mer immense et le ciel sans fin comme c'était le cas depuis tant de jours, mais le fin visage de Leila.

Leila était la fille d'Abdullah, et tous deux subsistaient en vendant des oranges, qu'ils cultivaient dans un petit verger clos. Un parfum suave embaumait l'atmosphère, si bien que Kaddour se crut au paradis d'Allah.

Ses hôtes le détrompèrent bien vite.

– Tu es sur l'Île ensorcelée, malheureux jeune homme, lui dit Abdullah. Et il eût mieux valu pour toi ne jamais connaître ce lieu maudit !

– Pourquoi dis-tu que ce lieu est maudit, bon vieillard ? s'étonna Kaddour. Il me paraît, à moi, enchanteur, au contraire. Quel bonheur, après avoir vécu mille et mille tourments, que de me reposer en un pareil séjour !

Ce disant, le prince regardait autour de lui, où tout n'était que paix et sérénité.

– Hélas, mon pauvre enfant, soupira le vieillard, ne te fie point aux apparences. Car si, cédant à un élan irréfléchi, je t'ai sauvé de la mort, un sort bien pire t'attend ici. Sache que cette île est gouvernée par une princesse magicienne dont le cœur est plus dur que le granit et l'âme plus venimeuse que les crocs du serpent. Sa beauté est telle qu'elle séduit les jeunes hommes et en use à loisir durant quelques lunes. Ensuite, lassée d'eux, elle les transforme en animaux...

Déconcerté par ces paroles, Kaddour se redressa sur sa couche.

– En animaux, dis-tu ? Veux-tu parler de ceux qui, lorsque j'ai voulu prendre pied sur l'île, m'ont repoussé vers le large ?

– Ceux-là mêmes, en effet. Ces chevaux, ces aigles et ces chameaux sont les victimes de Saskya-Nour – ainsi se nomme cette créature du diable –, et leur unique but était, non de te nuire, mais de te protéger en t'éloignant.

Ces propos laissèrent le prince songeur.

– Si Saskya-Nour est aussi belle que tu le dis, j'aimerais la voir... murmura-t-il.

Abdullah ne put retenir un cri d'effroi.

– Garde-t'en bien, imprudent ! Mieux vaudrait te crever les yeux !

Mais la jeunesse est ainsi faite que le danger, au lieu de la rebuter, la séduit. Surtout quand ce danger a les traits d'une femme. En dépit des mises en garde de ses protecteurs, Kaddour n'eut donc de cesse d'avoir contemplé le visage de la princesse. Et ce désir devint tel qu'il en perdit tout appétit, au grand désespoir de la douce Leila, qui l'aimait en secret. Aussi, lorsqu'un matin le bruit des cors et des trompettes résonna dans l'île, annonçant l'escorte princière, en éprouva-t-il une joie sans bornes.

Abdullah et sa fille le conjurèrent en vain de rester à l'abri. Non seulement il refusa de se cacher, mais il s'exhiba avec impudence. Alors qu'il eût pu s'accroupir discrètement dans l'ombre du porche, encapuchonné dans sa gandoura, il fit face au cortège bien campé sur ses jambes, les poings aux hanches et le front haut.

Les gardes de la princesse passèrent les premiers, le sabre à la ceinture, vêtus de casaques pourpres et de turbans d'azur. Puis les officiers, suivis des ministres. Vinrent ensuite cent jeunes filles d'une grâce incomparable, marchant pieds nus, des bagues à chaque orteil. Et enfin, Saskya-Nour, chevauchant un cheval caparaçonné d'or et de pierreries.

Dès qu'il l'aperçut, Kaddour, ébloui, tomba à genoux. On l'eût dit frappé par la foudre.

– L'astre du jour est moins brillant que toi, ô Radieuse Splendeur ! s'écria-t-il avec transport.

Flattée par ces paroles, Saskya-Nour fit un signe à ses gens et le cortège s'arrêta. Dans le silence qui suivit, on n'entendit plus que les sanglots de Leila qui pleurait dans l'orangerie. Mais nul n'y prit garde, sauf le pauvre Abdullah dont le cœur se serra.

– Qui es-tu, étranger ? demanda la princesse, regardant Kaddour avec bienveillance.

– Qu'importe mon nom, répondit le jeune homme en joignant les mains. Je n'ai qu'un seul souhait : devenir ton esclave dévoué.

Ce discours plut à Saskya-Nour, d'autant que la bouche qui le prononçait n'était pas dépourvue de charme. La prestance du prince, bien qu'il dissimulât son identité, trahissait en effet ses nobles origines. Il était, par ailleurs, aimablement tourné, la taille haute, le sourcil fier et l'œil ardent.

– Qu'il en soit fait selon tes vœux, dit la princesse. Viens ce soir au palais, je te prendrai pour favori.

Sur ce, elle s'éloigna, non sans avoir souri de si engageante manière que le prince en demeura pétrifié de ravissement.

Il n'y a pas de mots pour décrire le chagrin de Leila. Mais elle eut beau gémir, verser des larmes et se traîner aux pieds de Kaddour, le suppliant de revenir sur sa décision, rien n'y fit. Il était bel et bien envoûté, et le Prophète lui-même n'eût pu le faire changer d'avis.

Il partit sans se retourner. La mort dans l'âme, ses bienfaiteurs le regardèrent s'éloigner, dans les feux rouges du couchant.

– Ingrat ! gémissait Leila. Hélas, hélas, il court à sa perte, je ne le reverrai plus !

– Que la magicienne te métamorphose en pourceau pour faire ainsi souffrir ma fille ! ajoutait Abdullah – mais c'étaient là de vains propos, car il n'en pensait rien.

Il s'était attaché au jeune homme qu'il

aimait déjà comme un fils, et ce départ le laissait, lui aussi, inconsolable.

Ainsi Kaddour-le-voyageur devint-il l'esclave de la belle Saskya-Nour.

Sa félicité dura quatre lunes, durant lesquelles ce ne furent que fêtes et réjouissances. La princesse vivait dans un luxe inouï. L'or et les diamants débordaient de ses coffres, et sa demeure, en quelque endroit que l'on y posât les yeux, n'était qu'amoncellement de richesses d'un goût exquis. Brocarts de Turquie, tapis d'Iran ou de Perse, tentures brodées rehaussées de perles, vaisselle d'argent, meubles précieux, divans profonds...

Mais ce décor, si somptueux fût-il, n'était rien en regard de Saskya-Nour. Chaque matin, elle apparaissait plus resplendissante que la veille. La magnificence de ses tenues n'avait d'égale que la grâce de son corps. Qu'elle fût vêtue de voiles transparents ou d'étoffes d'apparat aux plis lourds, la perfection de ses gestes vous frappait de stupeur. Et que dire de ses yeux, semblables à des étoiles ? Que dire de son teint, plus velouté qu'un pétale de rose ? De son sourire, céleste et radieux comme un ciel d'aurore ? De sa conversation pleine d'attraits ?

En outre, danseuses et musiciens s'attachaient à ses pas, si bien qu'à chaque instant, de jour comme de nuit, sa compagnie était un enchantement.

Tant de délices lui attachèrent Kaddour plus que de raison. Oubliant Samarcande, son père, ses amis, son nom et son rang, le prince ne vivait plus que pour la magicienne, la vénérant à l'égal d'une déesse et baisant sur le sol la trace de ses pas. Attentif au moindre de ses caprices, il le satisfaisait avant même qu'elle ne l'eût émis. Prévoyant ses questions, il y répondait avant qu'elle ne les pose, et il n'était rien qu'il ne fît pour lui plaire. Il se fût volontiers entaillé les veines par amour pour elle, et lui eût offert sa tête sur un plateau pour peu qu'elle en manifestât le désir.

Or, la princesse était volage, cruelle et inconstante. Elle se lassa de l'adoration du prince, comme elle s'était lassée de celle de ses nombreux prédécesseurs. Et résolut de s'amuser de lui d'une tout autre manière.

– Prépare une selle et un mors, dit-elle à son palefrenier, car demain à l'aube, je chevaucherai un nouvel étalon.

– À vos ordres, Lumière d'Orient, répondit le palefrenier avec grand respect.

Cependant, cette conversation avait eu un témoin. Une petite servante au fin visage, qui n'était autre que la douce Leila, laquelle, après le départ de Kaddour, s'était fait embaucher aux cuisines du palais afin de veiller sur lui.

La jeune fille, mise en alerte, suivit secrètement Saskya-Nour, ne perdant aucun de ses faits et gestes. De sorte qu'elle se retrouva, peu après minuit, en embuscade derrière les fenêtres de la chambre que partageaient les deux amants.

Las des plaisirs et des caresses, le prince s'était endormi. La princesse, en revanche, avait encore bon pied bon œil, et son manège intrigua Leila. Se levant sans bruit, elle ouvrit un coffret serti de brillants d'où elle tira une poignée de poudre jaune qu'elle répandit au travers de la pièce. Aussitôt, cette traînée d'or se changea en ruisselet. Saskya-Nour en emplit une aiguière[1], puis, d'un claquement de doigts, fit disparaître le phénomène.

« Ce sont bien là des manigances du diable », se dit Leila, et elle redoubla de vigilance.

Ayant saisi une bassine emplie de farine, la princesse y versa l'eau magique et pétrit la pâte ainsi obtenue. Elle y mêla diverses épices, des fruits confits, des liqueurs et des cristaux de sucre, pour confectionner une pâtisserie qu'affectionnait tout particulièrement Kaddour. Enfin, posant le gâteau sur le

1. Aiguière : récipient destiné à contenir de l'eau.

rebord de la fenêtre afin qu'il refroidisse, elle se recoucha et s'assoupit.

Alors, silencieusement, Leila se rendit aux cuisines préparer un gâteau tout pareil et remplaça le mets magique par le sien, qui ne l'était pas. Puis, l'échange terminé, elle reprit tranquillement son poste d'observation.

Au matin, lorsque Kaddour ouvrit les yeux, Saskya-Nour lui dit :

– Je vous ai cuit un gâteau, cette nuit. Y ferez-vous honneur pour votre déjeuner ?

Croyant voir dans ce geste une preuve d'amour, le jeune homme s'empressa d'accepter. La princesse coupa donc une large portion et la lui servit dans une assiette d'or. Puis elle s'assit à ses pieds pour le regarder manger.

Un étrange sourire éclairait son visage, à la fois si perfide et si réjoui que Kaddour s'en étonna.

– Vous semblez particulièrement heureuse, ce matin, remarqua-t-il.

– Je le suis, en effet, répondit la princesse.

N'est-ce pas une grande volupté que de nourrir de ses mains l'être aimé ? Mangez, mon ami, car j'ai hâte de lire sur vos traits la joie que vous procure mon œuvre.

Docilement, le prince s'exécuta. Et tandis qu'il mâchait, avalait et se régalait, la princesse ne le quittait pas des yeux. Mais bientôt, un air de surprise remplaça son sourire, croissant à chaque bouchée jusqu'à l'ahurissement.

Kaddour termina son plat sans que rien ne se passât.

Pendant ce temps, Leila, prévoyant la suite, avait remis le gâteau ensorcelé à sa place (tout en ayant pris soin, afin que cette manœuvre passât inaperçue, d'en retirer une part identique à celle du prince). Saskya-Nour, fort perplexe de voir ses sortilèges demeurer sans effets, se servit à son tour une tranche. Mais à peine y avait-elle planté les dents qu'elle se transforma en une superbe cavale.

Tandis que Kaddour demeurait bouche bée

devant l'hallucinant spectacle, Leila se fit reconnaître et lui conta l'affaire par le menu. Devant la traîtrise de celle qu'il aimait et dont il se croyait aimé, le prince tomba d'abord dans un grand abattement. Puis il retrouva vite son bon sens, et l'amour qu'il éprouvait pour Saskya-Nour lui apparut pour ce qu'il était vraiment : un envoûtement d'habile magicienne.

En revanche, la reconnaissance aidant, il fut ému par le charme discret de Leila, qu'il avait ignoré jusqu'alors. Et les grands yeux noirs de sa bienfaitrice chavirèrent son cœur.

Il appela le palefrenier afin que fût sellée la farouche cavale qui piaffait dans la chambre et, en bon cavalier, l'enfourcha. Puis il tendit les bras à la fille d'Abdullah, la hissa sur l'encolure de l'animal et, en cet équipage, sortit du palais.

Une formidable ovation s'éleva du parvis où se pressait une foule immense : celle des malheureux, victimes de Saskya-Nour, auxquels la défaite de cette dernière avait rendu figure humaine.

Kaddour fut élu roi de l'Île ensorcelée, qui changea de nom et devint l'île du Bonheur. Il épousa Leila, engendra avec elle une nombreuse descendance, et vécut en paix jusqu'à la fin de ses jours.

Quant à la magicienne, elle fut installée à la place d'honneur dans les écuries royales. Kaddour, étant d'un naturel fidèle, refusa désormais toute autre monture. Et comme elle était plus aimable cavale qu'amante, il n'eut jamais à s'en plaindre !

POSTFACE

LE CONTE a sur le roman un avantage immense : il évolue sans cesse. C'est ce qui lui donne sa spécificité, son côté éminemment vivant. D'une idée venue on ne sait d'où – de très loin, parfois, car les idées sont voyageuses ! – peut naître une infinité d'histoires différentes. Passant de bouche en bouche, de pays en pays, l'intrigue se modifie au gré des sensibilités, des cultures, des époques, se chargeant de mille choses – humour, émotion, fantaisie, drame, révolte... – qu'elle récolte çà et là, selon l'humeur du conteur, les déficiences de sa mémoire ou les débordements de son imagination.

Ceci concerne, bien sûr, le conte narré de vive voix. Mais pas uniquement. Il en est de même pour le conte écrit – l'écriture étant, elle aussi, une voix. Et l'on a souvent la surprise de découvrir, dans des pages qu'on lit pour la première fois, telle anecdote familière, tel personnage connu depuis toujours, telle chute au parfum de déjà vu. Mais réinventés au fil de la plume, recréés, remis à neuf, toujours eux-mêmes et pourtant autres.

Pour ma part, en rédigeant ces *Contes et Légendes des Fées et des Princesses*, j'ai pataugé avec bonheur dans mes émerveillements de petite fille. Et de ce « bain de jouvence » ont jailli, au hasard des souvenirs, d'éblouissantes jeunes filles aux longues chevelures, des elfes, des princes charmants, des domaines enchantés, une biche aux yeux de femme... Bref, tout ce qui a, durant de longues années, bercé mes rêves, et dont, à mon tour, j'ai eu envie de bercer les vôtres. Alors, j'ai raconté, à ma manière, avec mes mots et mes images, des histoires venues de tous les continents, comme n'importe quel conteur cherchant à envoûter son auditoire.

Que dire de plus, sinon que j'y ai pris un plaisir extrême – ce qui est également le propre du conteur ! – et que j'espère de tout cœur vous faire partager ce plaisir.

Bibliographie

Contes des fées, par Charles Perrault, Mme d'Aulnoy et Mme Leprince de Beaumont (Librairie Garnier Frères).

La Semaine de Suzette, années 1951-52 (Éditions Gautier-Languereau).

Contes et récits d'Outre-Manche, par S. Clot (Éditions Fernand Nathan, 1914).

Contes et légendes de Chine, par Gisèle Vallerey (Fernand Nathan éditeur, 1960).

Contes de Perrault (Postel éditeur, 1838).

Contes de Grimm (Gründ, Paris).

Contes et légendes des pays d'Orient, par Charles Dumas (Fernand Nathan éditeur, 1951).

Les Mille et Une Nuits, traduction d'Antoine Galland (Garnier-Flammation).

Contes et légendes du Japon, par Félicien Challaye (Fernand Nathan éditeur, 1963).

Table des matières

Gudule

Gudule, quand elle était reine du Pays des fées.

Patricia Reznikov

Je suis née à Paris, d'une mère américaine et d'un père français. Lorsque j'étais enfant, j'étais émerveillée par les lumières de la ville dans la nuit. J'ai été bercée par les aventures d'*Alice au pays des merveilles* et par les contes de J.R.R. Tolkien.

Bien plus tard, j'ai étudié le dessin à l'École des beaux-arts à Paris. Depuis, je fais des illustrations. J'écris aussi des histoires, des contes, des romans.

Dessiner et écrire sont les deux moitiés de la même orange magique.

Lorsque je travaille, c'est parfois la nuit, les lumières de la ville scintillent, mon petit garçon dort, alors je bois beaucoup de thé et je mange un peu (trop) de chocolat. Ce sont mes deux ingrédients très magiques.

J'avais déjà rencontré des fées, bien sûr, mais je n'en avais encore jamais dessiné.

Dans la même collection

Contes et Légendes d'Alsace, Jacques Lindecker.

Contes et Légendes d'Auvergne, Jean-Pierre Siméon.

Contes et Légendes du Berry, Danielle Bassez.

Contes et Légendes de Bretagne, Yves Pinguilly.

Contes et Légendes de Normandie, Yoland Simon.

Contes et Légendes du Périgord, Michel et Dany Jeury.

Contes et Légendes du Poitou et des Charentes, Denis Montebello.

Contes et Légendes de Provence, Jean-Marie Barnaud.

Contes et Légendes d'Afrique d'ouest en est, Yves Pinguilly.

Contes et Légendes autour de la Méditerranée, Claire Derouin.

Contes et Légendes du temps des Pyramides, Christian Jacq.

Contes et Légendes du Québec, Charles Le Blanc.

Contes et Légendes de Suisse, Christophe Gallaz.

Contes et Légendes de l'An Mil, Claude Cénac.

Contes et Légendes de l'An 2000, Collectif.

Contes et Légendes des Chevaliers de la Table Ronde, Jacqueline Mirande.

Contes et Légendes - Les douze travaux d'Hercule, Christian Grenier.

Contes et Légendes de l'Égypte ancienne, Brigitte Évano.

Contes et Légendes de l'Europe médiévale, Gilles Massardier.

Contes et Récits des Héros du Moyen Âge, Gilles Massardier.

Contes et Légendes des Héros de la Mythologie, Christian Grenier.

Contes et Légendes - L'Iliade, Jean Martin.

Contes et Légendes des Jeux d'Olympie, Brigitte Évano.

Contes et Récits des Jeux olympiques, Gilles Massardier.

Contes et Légendes - Les Métamorphoses d'Ovide, Laurence Gillot.

Contes et Légendes du Moyen Âge, Jacqueline Mirande.

Contes et Légendes de la Mythologie grecque, Claude Pouzadoux.

Contes et Légendes de la Naissance de Rome, François Sautereau.

Contes et Légendes - L'Odyssée, Jean Martin.

Contes et Récits - Les Pionniers de l'Automobile, Serge Bellu.

Contes et Récits de la conquête du Ciel et de l'Espace, Christian Grenier.

Contes et Récits de la conquête de l'Ouest, Christophe Lambert.

Contes et Légendes des Lieux mystérieux, Christophe Lambert.

Contes et Légendes de la Peur, Gudule.

Contes et Légendes des Fées et des Princesses, Gudule.

Découvrez les autres collections de fiction de Nathan Jeunesse
dans « Planète Lune » :

Pour les 9-13 ans, les romans de la vie, de science-fiction,
d'aventures, d'humour dans la collection « Pleine Lune »,
et les romans policiers et fantastiques de « Lune Noire ».
Pour les 7-9 ans, les premiers vrais romans de « Demi-Lune ».
Pour les 5-7 ans, les histoires de « Première Lune ».
Pour les 3-5 ans, les histoires à raconter de « Étoile Filante ».

N° d'éditeur : 01012119
Dépôt légal Janvier 2001
MAME Imprimeurs à Tours